戦国大名の経済学

川戸貴史

講談社現代新書
2575

目次

分類	品名	価格	典拠
武具	太刀（美術品）	10	「朝倉孝景条々」
	太刀（実用品）	0.5	『毛利家文書』
	槍	1	「朝倉孝景条々」
	弓懸	0.2	「賀茂別雷神社文書」
	具足（兵卒）	4.6	『毛利家文書』
	馬	3	『毛利家文書』
	鉄炮	8.5	『中世法制史料集』第５巻
食糧	米（１石）	0.5 ～ 0.7	川戸貴史『中近世日本の貨幣流通秩序』
人間	人質（上杉氏の事例）	0.02 ～ 0.03	藤木久志『新版 雑兵たちの戦場』
	人質（武田氏の事例）	2 ～ 10	「勝山記」
	労賃（労働者１日当たり）	0.1	桜井英治『交換・権力・文化』
	労賃（大工１日当たり）	2	『兼見卿記』
関銭	鉄（荷駄１当たり）	0.02	『中世法制史料集』第５巻
	米（荷駄１当たり）	0.01	『中世法制史料集』第５巻
	材木（松１間当たり）	0.1	『教王護国寺文書』
その他	金（１両）	1.5 ～ 2	『中世法制史料集』第５巻、『兼見卿記』
	銀（１匁）	0.2	『中世法制史料集』第５巻

参考：価格換算表

※価格の単位は銭1000文（1貫文）。価格はあくまで目安で、品質、物価変動、地域差は考慮していない。

序章　戦国時代の経済と戦国大名の経営

1　戦国時代の幕開けと経済

応仁の乱はなぜ起こったか？

一五世紀後半に応仁《おうにん》の乱のような大乱が、なぜ起こったのか。将軍の跡継ぎ争い、室町幕府の中枢での跡目争い、などなど、当時の政治情勢、とりわけ権力者たちの思惑にその原因を求めるのが一般的だろう。それは当然、間違いではないのだが、その詳細な経緯については書籍が数多《あまた》あるので、本書では違った視点から考えたい。それは、当時の経済事情との関わりはどうだったのかということである。

当時の日本における経済活動は、ほぼ第一次産業（農林水産業）、それも米作を中心とする農業生産にきわめて偏っていた。また日常食としての食糧を輸入した形跡はほとんどなく、食糧はほぼ完全に自給だった。

ということは、当時の日本経済は、農業生産の効率性や収益に大きく左右される社会、すなわち気候に決定的な影響を受ける社会だったということだ。とすれば、長期的な気候変動も、応仁の乱のような大乱の発生にはなんらかの影響を与えたものと思われる。近年では気候変動の自然科学的手法による分析が進化して、当時の気候が、かなり明らかになってきた。それによると、一五世紀日本は、じつは深刻な寒冷期であったと推定されている。温暖な気候を好むイネには過酷な環境で、作柄は決して良くなかったということである。

また、短期的にみても、一五世紀は異常気象の多い時代だった。列島各地で冷害に加えて干害が多く見られた。また逆に大雨などによる洪水も多発して、病害虫による被害も深刻化していた。その結果、多くの地域でたびたび飢饉《ききん》に見舞われた。当時の人口は微増だったとされているが、むしろ微増に抑制されてしまっていた、そう考えるべきだろう。

過酷な環境に置かれた人々は、血縁のみならず地縁による共助を求めて徐々に集住を進め、自治的な共同体を形成した。すなわち「お互いに助け合う」日常生活を構築していった時代でもあったのだ。言い換えれば、命を長らえようとする民衆の知恵によって、人口規模がなんとか維持されていたと言ってもよいだろう。日本全体の富の蓄積が停滞あるいは下落傾向に陥ったことは、政治権力の獲得にともなって得られる利権をめぐっての獲得競争(椅子取りゲーム)を激化させた可能性がある。応仁の乱も、その一つの帰結と言えるのではないだろうか。

「自立化」の大きな動き

一五世紀半ばになると、民衆（百姓）も参加した、領主層に対する武装蜂起が頻発した。彼らの要求は、いわゆる「徳政《とくせい》」、つまり借金や滞納した年貢の支払免除、質に入れた田地の返還であることが多かった。その日暮らしのような所得水準にあったに違いない彼らが「借金漬け」に陥っていたとすれば、すでに自らの生計を成り立たせるだけの生産はむずかしくなっていたことになる。彼らは代々田地を世襲して命を繋《つな》いできたのだから、かつてはそれで生計は成り立っていたに違いない。ところがこの時代、そうではなくなっていたのである。

対する当時の権力はというと、余りにも無力であった。嘉吉《かきつ》元年（一四四一）に起きた、播磨《はりま》・備前《びぜん》・美作《みまさか》の守護赤松満祐《あかまつみつすけ》による将軍足利義教《あしかがよしのり》暗殺事件（嘉吉の乱、嘉吉の変）は、秩序を乱す下剋上《げこくじょう》の極みと評されるが、大きく幕府の基盤を揺るがした。幕府の財政には、守護らによる毎年の定額出資（守護出銭《しゅつせん》）が大きなウエイトを占めていたが、幕府から離反する守護が出はじめ、幕府の収入がきわめて不安定になったのだ。

守護出銭は、正式な税として義務化されていたわけではなかった。幕府内での自らの地位を確保する手段として、守護は毎年支払っていた。したがって、幕府権力の弱体化は支払いへの意欲を低下させ、多くの守護が出銭を拒否した。かくして、守護への「善意の強制」によって構築されていた繊細な幕府財政は粉砕された。

他方、京都周辺では、次代将軍への代替わりをスローガンとした徳政要求の武装蜂起（一揆）が勃発していた。それらは京都へなだれ込み、債権者である土倉《どそう》などの金融業者を襲撃した。こうして土倉らは、営業再建が困難になるほどの壊滅的な打撃を被った。

土倉の多くは比叡山延暦寺《ひえいざんえんりゃくじ》（滋賀県大津市）と関係の深い自営業者だったので、その没落も幕府の財政には致命的だった。当時の幕府の財源は、上記、守護出銭に加えて彼ら土倉の営業税（土倉役）に大きく依存していたのである。土倉への打撃に加えて幕府が発した徳政が金融不安（貸し渋りや金利上昇）を惹起した結果、公家や寺院の間では資金繰りに行き詰まって破産する者さえも出るようになった。

こうして、京都の経済に依存する幕府の財政は急速に悪化していった。だが幕政トップの足利義政《よしまさ》は財政再建への意欲に乏しく、放漫財政を続けていた。その尻拭いを後に妻日野富子《ひのとみこ》が担ったことは、ご存じの向きも多いだろう。この義政の無責任な態度もまた、混迷を招く要因となった。

一五世紀後半の幕府がこのようなありさまであったため、困難に直面した民衆を経済面で支援する政策を執ることはとうてい不可能であった。できたことといえば、大飢饉で京都へ流入した難民に細々と粥《かゆ》の施しをする程度、まさに焼け石に水である。寛正《かんしょう》二（一四六二）年に深刻化した飢饉（寛正の大飢饉）では、周辺から難民が押し寄せたことも影響して、京都だけで数万人規模の餓死者を出したという記録が残っている。当時の京都の人口は一〇万人程度だったようなので、餓死者の数に多少の誇張はあるだろうが、鴨川《かもがわ》には夥《おびただ》しい数の餓死者が浮かび、河原には遺体が無惨に積み置かれたという。民衆の幕府に対する絶望感たるや想像に難《かた》くない。経済面からみてみれば、農業生産の不調に加えて元来、脆弱《ぜいじゃく》であった幕府財政が危険水域に陥ったことが、応仁の乱の勃発につながったとみることもできるだろう。

かくして、嘉吉以後は多くの守護たちが、あるいは幕府のくびきから脱却し、あるいはその保護を期待できなくなって、否応なしに政治的にも財政的にも自立する動きをあからさまにしていくことになる。応仁の乱は、守護自身が経済的自立を確立して、自らの意志で戦乱への参加を決定しうるようになったことを示す象徴的な戦争であったともいえるだろう。

「海域アジア」の枠組みから見る

本書は、ここがスタートとなる。自立した守護たち、つまり戦国大名が築いた財政基盤とはどんなものであったのか。その後の一五〇〇年という流れの中で変化する日本の経済情勢に、彼らはどう向き合ったのか。一方、名も無き当時の人々は、この時代をどう生き抜いたのか。戦国時代と称される時代の日本列島における経済事情を、これまでの研究成果に導かれながら、いくつかのトピックスを取り上げて述べていきたい。

ここで留意しておきたいのは、経済活動は国境を軽々と越える、という当たり前の事実である。戦国時代はたしかに過酷な時代ではあったが、と同時に、日本史上最も国境管理が緩やかな時代の一つでもあった。その結果、日本列島内外の往来が活発化した。それ自体はだれでも知っていることだろう。ポルトガル商人の来航やフランシスコ・ザビエルの来航を契機とするキリスト教の伝播《でんぱ》など、西欧との接触が盛んになった画期的な時代であったことは、教科書には必ず書かれている。

ただし、上記の動向と関わって本書でより注目したいのは、日本はアジアという枠組みに含まれた地域だという、当たり前の認識である。当時の交易においては、西欧勢力も重要だが、海を介しての東アジアや東南アジアとの交流が非常に活発になっていた。近年、海は「隔てる」ものではなく「繋ぐ」ものであるという視点から、海を介した人とモノの交流を積極的に見直す研究が盛んに行われるようになった。このような視点からは、海で繋がる東アジア・東南アジア地域を「海域アジア」と呼ぶが、本書もそれに従い、「海域アジア」という地域的な枠組みで、戦国時代における日本の経済動向を見通していきたいと思う。

このように述べると、近年人口に膾炙《かいしゃ》する「グローバル」なる潮流に乗った安易な論調に感じられるかもしれない。だが、そうではない。実際に、戦国時代の日本は、前近代において最も世界経済と密接に関係した時代だといっても過言ではないのだ。

2 戦国大名の自立と経営

領国経営

そもそも戦国大名とはどういう存在なのか。

ごく簡単に言えば、戦国大名とは、ある特定の地域を独占的に支配した武家権力（軍事政権）である。その支配地域は領国《りょうごく》と呼ばれる。朝廷や幕府の権力がおよばない領国は、小規模ながらも独立国家であったとみる研究者もいる。このことから、戦国大名をその頂点として形成された領国は、「地域国家」と呼ばれることもある。後に大内《おおうち》氏の例でみるように、領国を対象として独自に法令を発布することができるのも、「地域国家」の頂点たる戦国大名の重要な権限の一つであった。今川《いまがわ》氏や伊達《だて》氏、武田《たけだ》氏などのように、法典としてまとめて発布した例もあり、それらは分国法と呼ばれている。

本書は、戦国大名の経営を考えることを主題とする。経営とは何かというと、これまた深遠なテーマになるが、ここでは簡単に、戦国大名の権力体を一つの組織と捉え、その組織運営に必要な収入をどうやって得、また必要な支出はどのようなものに対して行われていたのかを、史料から明らかになる範囲で解説する。

しかし、それぞれの大名の収支を具体的に明らかにするのは、じつは容易なことではない。というのも、収支に関わる帳簿を後世に残している大名権力は管見《かんけん》の限り皆無に近いからである。これは、じつは不思議なことである。中世全体をみると、権門《けんもん》と呼ばれる大寺社では一年ごとに収支を記した帳簿が作成され、それが現在に残っているケースは珍しくない。その一方、幕府を含めての武家権力にはそのような帳簿が、ほとんど見当たらないのである。残っていないからといって作成されなかったとまでは言い切れないとしても、武家権力が、総じて帳簿による収支の管理にあまり積極的ではなかったとはいえるだろう。

とすれば武士はカネに疎《うと》く、ザル勘定だった、そう言いたいところだが、むしろこれは武家権力の組織のあり方に理由を求めたほうがよさそうだ。武家権力の収入源は中世の長い時代を経てきわめて複雑化しており、大名が一人でそのすべてを一元的に管理できるような構造にはなっていなかった。簡単にいえば、大名は彼らに仕える家臣に対して、「知《ち》行《ぎょう》」と呼ばれる土地の支配権（実質的には所領）を与え、家臣個々にその経営を委ねるシステムを取ることが一般的であったことが、その大きな理由である。

当時の産業はほぼ農業だったので、与えられる知行は基本的に田畠の面積で決められていた。一方の家臣には、知行を経営して自活することが求められるとともに、大名に対して戦争への負担（軍役《ぐんやく》）を果たすことが要求された。この軍役は、公平に課される必要があるため、知行を数値化することで家臣の負担を明確化するとともに、大名権力組織内（家中《かちゅう》）での序列を明示する必要があった。そこで知行の基準となる田畠の調査が大名の重要な業務となった。この調査は検地《けんち》と呼ばれる。後にその様子については具体的に説明したい。なお、大名とその家族は自らの収入源となる直轄地を持っていた。これは蔵入地《くらいりち》と呼ばれることが多く、その経営は家臣に委託するのが一般的だった。収入源の大半は、もちろんこれら田畠からの年貢《ねんぐ》であった。

しかし、余裕のある経営をするためには、農業生産だけに頼るのはまずい。そこに上乗せのできる収入源の獲得が、戦国大名の生存競争には重要だった。そのためには、領国の経済を活性化させる必要があった。また経済活性化のためには十分にお金（貨幣）が流通することも欠かせない。そこで本書では、やや細かい話も交えながら、貨幣に対する大名の政策にも注目したい。

経済から戦国時代を見る

こうして得られた収入は、時代柄、多くは戦争に費やされた。当時の兵員の動員は、主従関係をベースとした家臣たちの奉仕（ボランティア）に依存していたが（ただし活躍に応じて恩賞を与えねばならない）、兵力を補強したい時には傭兵《ようへい》（足軽《あしがる》・雑兵《ぞうひょう》）を多数雇い入れることもしばしばであった。また言うまでもなく、兵糧《ひょうろう》は必須であり、陣の設営に使用される竹木等の物資調達も重要だった。城郭などの防御施設の整備も迫られた。

また、一六世紀半ばに普及していった鉄炮《てっぽう》を中心とする火器・弾薬に至っては、特別なルートによってのみ入手しうるものであったから、その調達は、大名権力自らが担当しなければならなかった。かくして大名による経営には、これらの品々や設備を調達するための資金調達と調達ルートの確保が大きなウエイトを占めることになった。本書では、いくつかの典型的な大名の事例を取り上げて、具体的に紹介したい。

戦国大名が領国内で取った経済政策がどんなものだったかという問いもまた、戦国大名と経済との関係においては重要である。戦国大名という権力は、単なる私的な軍事勢力として振る舞ったのではなく、領国内での紛争解決に積極的に乗り出すなど、支配した地域における唯一の「公権力」として君臨していた。用水をめぐっての村同士の争い、あるいは相続争いなど、地域社会で発生したさまざまなトラブルを裁判などを通じて仲裁することも多くみられた。このほかにも、道路工事や堤防修復など、公共事業のような案件においても大名が事業の主体となっていく。それを示す史料は多く残されている。

以上、前置きはこの辺にして、経済という視点から戦国時代の日本を覗《のぞ》いてみよう。ただし本題に入る前に、当時、使われていた貨幣の価値が現在と比較してどれほどのものだったかを定義しておきたい。

当時は米が主要な生産物であったことから、米価の比較によってイメージするのが一般的である（しかし米の生産性は現代とはまったく異なるので、あくまで目安と考えていただきたい）。中世では、米一石《こく》（一八〇リットル。重さにすると一五〇キログラム程度）と当時の貨幣である銭一貫文《かんもん》（一〇〇〇文）とが等価として計算されることが多い。これに従うと、米一キログラムが銭で約六～七文くらいとなる。現在の米の値段は、もちろん銘柄にもよるが、一キログラムでだいたい五〇〇円をやや下回るくらいといったところだろう。銭六～七文が現代の五〇〇円か、もう少し安い金額とほぼ同じ価値だったとすれば、多少幅を取って銭一文は六〇～七〇円相当と考えればよいことになる。現代のほうが米の価格はかなり安くなっているので、実際には銭の価値をもう少し高く見積もるほうが現実的かもしれないが

（銭一文＝一〇〇円くらいと見積もられることが多い）、本書では、銭一文が六〇～七〇円程度の価値だったと定義して話を進めたい。

第一章　戦争の収支

戦国時代というからには、戦争を抜きにしては語れない。戦国大名が、戦争を遂行する軍事勢力として君臨したことは言うまでもない。

そこで、まずは戦争にかかる経費に注目し、戦国大名の経済事情を具体的に見ていこう。ただし、必ずしも著名な戦争をすべて取り上げるわけではなく、中にはごく小規模な戦争を取り上げることもあることをご了解いただきたい。

1 戦争に行くための経費――装備品の費用

武器のおねだん

戦争に必要なのは何よりも人である。それは戦闘員(兵)と、後方での物資運搬(兵站《へいたん》)を担うために動員された非戦闘員(主に百姓)とに分けられる。兵は平時から大名に仕える武士が中心だが、戦時に自ら費用を賄《まかな》うために彼らには所領が与えられていた。つまり、武具や食糧は基本的に個々の兵が自前で準備することになっていた。ただし、思わぬ長期戦を強いられた場合には、大名が兵糧を補塡することになった。それを踏まえた上で、当時の末端の経済事情をイメージすべく、兵が備えた武具の当時の価格がいかほどだったかを考えてみよう。

武器でまず必要なのは、刀である。当時の武士は、太刀《たち》と打刀《うちがたな》の二本を差すのが一般的だった。もちろんその価値は格差があり、著名な刀工が製造したような、権力者の間で贈答品に使われるような美術的価値の高い太刀は、およそ一〇貫文程度で取引されていた。現在の価値にすると六〇万~七〇万円程度であり、美術品としてのイメージに合う。「万疋之太刀《まんびきのたち》」(「朝倉孝景条々」)という表現があるように、極端なものになると一万疋(一疋は一〇文なので、一〇万文、つまり一〇〇貫文)もの価値が与えられるような高級品もあったようだ。現代での六〇〇〇万~七〇〇〇万円といったところか。

とはいえ、権力者が好むものでも実際にはさすがにそこまで高くはないのが普通である。天文三(一五三四)年に毛利元就《もうりもとなり》が朝廷から右馬頭《うまのかみ》の官職を与えられた際に、それを取り次いだ朝廷の実務官僚へ太刀の代わりに銭を贈っているが、その金額は五〇〇文だった(『毛利家文書』二七〇)。現代の価値にすれば三万~四万円程度か。かなり安いように思えるが、贈答でもこれくらいが相場だった。

一兵卒が使うような実用品になると、この程度かさらに安かっただろう。実際に白兵戦で使われるのは、太刀よりも刀身が短い打刀だったが、太刀よりもさらに廉価であったことは間違いない。数百文から高くても数貫文程度だったと考えられる。現在の価値で数万円もあれば手に入ったと思われる。

戦争で必須な武器はほかにもある。野戦では、いきなり鎬《しのぎ》を削るような接近戦になることはなく、槍のほかに弓矢、そして鉄炮のような飛び道具を使うのが一般的であった。これらの武器も基本的に個々の兵卒が準備する必要があった。そのうち槍は、「百疋之鑓(槍)」(「朝倉孝景条々」)との表現があるように、槍一本は銭一〇〇疋(一貫文)程度とイメージされていた。現在では数万円といったところか。弓矢は自作したと考えられるが、自給がむずかしい金属製品の鏃《やじり》は、槍のそれと同じくらいの価値で取引されただろう。すなわち数万円ほどか。

弓を射る際にはグローブとなる弓懸《ゆがけ》が必要だったが、弓懸三具が銭六〇〇文だったという記録がある(「賀茂別雷神社文書」)。これに従えば弓懸一つが二〇〇文、現代では一万円強の価値になる。

防具である具足《ぐそく》も準備せねばならない。これも大将クラスと一兵卒とではおのずと品質も異なるだろう。廉価なクラスの具足については、価値を知る目安となる史料が毛利氏関係の史料にある。戦国期のどの時期かは不明だが、具足一四〇両(領)の価格が銭六五〇貫文だったという(『毛利家文書』六二七)。具足一領あたり約四貫六〇〇文程度ということになる。現在の価値にすると三〇万円程度か。別の史料を基に算出した山口博氏は具足一領の価値を現在の価値にして一一五万二〇〇〇円としているが、これは地域や時期、それに品質の違いが大きかったことを物語るのだろう。いずれにせよ、これくらいの価値のものが戦場に赴く人々にとって、命には替えられないぎりぎりの出費であった。

戦争に必要なものには馬もある。馬は移動や運搬の手段として広く活用されていたが、戦場では指揮官クラスには必須だった。彼らは自ら馬を保有して、しっかりと養っておく必要があった。馬は貴重であるため贈答の手段ともなっていた。先にみた毛利元就の官位取得においても馬は贈答対象となっていた。実際には代わりに銭を贈ったのだがその金額は三貫文だった。今の価値だと二〇万円程度である。現代人の感覚からすれば安いようにみえるが、中世の日本では盛んに馬が生産・養育されていたから、これくらいの価値と考えるのが妥当だろう。ただし、馬は購入後の養育コストが馬鹿にならない。庶民がそうやすやすと買えるものではなかった。

鉄炮一挺五〇万〜六〇万円

そして、戦国時代の戦場において最も印象深いのは、一六世紀半ばから日本で急速に普及した鉄炮である。織田信長《おだのぶなが》をはじめ、多くの大名にとって垂涎《すいぜん》の新兵器だったが、当時の鉄炮の価格を示す史料は残念ながらほぼ皆無である。というのも、一六世紀後半になって実戦に用いられるほど鉄炮が普及してくると、いくつかの大名は職人を配下に抱えて自ら製造させたり、大名ではなく家来たちが自前で用意したりするようになり、彼らがどれくらいの費用をかけて調達しているかがわからないからである。

しかし、手がかりとなる史料もまったくないわけではない。天正九（一五八一）年に、小田原《おだわら》北条《ほうじょう》氏が配下の池田《いけだ》孫左衛門《まござえもん》という人物に課した軍役を記した史料がある（『中世法制史料集』第五巻一〇一三）。それによると、二〇貫文分の負担として「鉄炮侍」二人分が計上されている。

北条氏では、家来として抱えられた職人衆の日当が五〇文に設定されていた（『小田原衆所領役帳』）。戦時と平時を同一視することには問題はあるが、ひとまず双方とも同じ賃金だったと仮定すると、二人分の射撃手の一日当たりの手当は一〇〇文となる。兵卒の自己負担分は一ヵ月分が相場なので、上記負担も一ヵ月分と仮定すれば、狙撃手の人件費は合計三貫文となる。二〇貫文から人件費を除けば鉄炮の費用となるので、二挺で一七貫文、一挺では八貫五〇〇文となる。現代の価値にすれば、一挺当たり五〇万〜六〇万円と見積もられる。別の史料をもとに鉄炮の費用を検討した先行研究でも、おおよそこのあたりの金額が見積もられているので、ひとまずこれくらいとして無理はないだろう。

仮に大名が鉄炮をすべて用意することになった場合はどれくらい支払うことになるの

か。数字は諸説あるものの、天正三（一五七五）年の長篠《ながしの》の合戦で織田信長が少なくとも一〇〇〇挺の鉄炮を準備したとされているが（『信長公記《しんちょうこうき》』）、上記の単価によるならば、その費用は合計八五〇〇貫文、現代の価値にして五億〜六億円ということになる。当時の金銭感覚でも破格の費用を要したことは確かである。商人から購入するよりも、製造技術を持つ職人を抱える方がはるかに経費を節減できたはずなので、大名が職人を抱えようとするのは合理的選択だった。

以上を踏まえて兵士一人当たりの装備を見積もると、一式でおよそ一〇貫文（現在では六〇万〜七〇万円）程度、鉄炮を加えると二〇貫文（一二〇万円前後）程度といったところになりそうである。もっとも、先にも触れた通りこれは基本的に家臣や個々の兵の自弁が原則だった。つまり大名が直接まかなったわけではないが、あくまで軍勢全体の経費として考えれば、一〇〇〇人の軍勢にすると、現在の価値で数億から一〇億円程度の経費がかかったことになる。もちろんこれに兵糧が加わるので（兵糧を運ぶのは百姓たちだが、彼らは無償労働が原則だった）、経費はさらに膨らむことになる。

戦争用の備蓄費に一億円

軍備にかけた費用についてもう少し具体的にイメージするために、一つ著名な史料をここで取り上げたい。長篠合戦とほぼ同時期の天正三年五月、大友《おおとも》氏家臣として武勇を奮った戸次鑑連《べつきあきつら》（立花道雪《たちばなどうせつ》）が、後継男子がないためとして「女大名」として知られる娘の誾《ぎん》千代に家督を譲った。それを示す証文（譲状）に家財がリストアップされている（「立花文書」）。そこには道雪が誾千代に譲り渡す刀剣や甲冑、馬具、大友義鎮《よししげ》（宗麟《そうりん》）から与えられた数々の戦功を称える感状（感謝状）などが誇らしく列記されているが、その中に具足三〇領を無足人《むそくにん》のために準備しておくよう誾千代に命じた記述がある。無足人とは所領を持たない者だが、道雪に仕える末端の兵卒だろう。財産を持たない彼らには、領主が具足をつねに準備し、出陣の際に支給することになっていた。先にみたように具足が現代の価値で一領およそ三〇万円程度だとすれば、三〇領で九〇〇万円ほどとなる。ちなみに、同じ史料によると具足に加えて兜《かぶと》も備蓄していたようなので、その費用がさらに上乗せされることになっていた。

そのほかには、「大鉄炮」一五挺や「小筒《こづつ》」一挺といった火器類、それを使用するために必要な焔硝《えんしょう》や鉛玉をそれぞれ一〇〇〇斤《きん》（約六〇〇キログラム）蓄えるようにとも道雪は命じている。現代の価値で鉄炮が一挺五〇万〜六〇万円程度だったことを参考にすると、一〇〇〇万円以上の規模の費用はかかっただろう。それに火薬や鉛玉の費用も上乗せされた。鉛は現代では一キログラムでも一〇〇円しないようであり、仮に鉛一キログラムを一〇〇円とすれば、一〇〇〇斤は六万円に過ぎない。しかし当時は東南アジアから輸入するほかなかったため、現代に比べてはるかに高くついただろう。後に触れるが、大友氏が貿易活動に躍起になったのは、このような軍事面での要請もあってのことだった。

さらには、兵糧として米一〇〇〇石の備蓄も道雪は促している。詳しくは後に兵糧調達のところで触れるが、当時の畿内《きない》で米一石は銭五〇〇文程度だったので、一〇〇〇石は五〇〇貫文となり、現代の価値にして三〇〇〇万～三五〇〇万円程度になる。これは多くが年貢によって賄われるため購入していたわけではなかったが、大名家臣クラスにとってはそうとうな負担であったことは間違いない。その他、塩や水、薪《まき》や縄などの城内での備蓄も必須と道雪は述べている。これらは多くが領民に賦課《ふか》して集めていたようである。

加えて、金銀の備蓄も促している。貨幣としての用途のほかに、武具の装飾に充てるためでもあったようだ。道雪は、銀は一〇貫目蓄えよという。一貫目は一〇〇〇匁《もんめ》に当たり、これは約三七・五キログラムに相当する。当時は銀一匁は銭にすると約二〇〇文の価値だったので（後にみる織田信長の撰銭令《えりぜにれい》参照）、銀一貫目は銭二〇〇貫文（二〇万文）、現代の価値にすると一二〇〇万～一四〇〇〇万円程度となる。

以上をまとめると、立花道雪が上記の備蓄にかけた費用は、現代の価値にして少なくとも六〇〇〇万円程度はかかっており、こまごまとしたものを含めるとおそらくは一億円近くに達しただろう。ただしこれは大名の重臣クラスであり、大名ともなればその規模に応じて数倍から数十倍の費用をかけた備蓄を必須としただろう。必ずしもこれが毎年の負担となったわけではないが、ひとたび戦争となって消費すれば、再備蓄のために同等の費用を負担することは避けられなかった。戦争に勝利し、領地拡大（＝収入増）が果たされなければ、財政はたちまち危機に陥っただろう。その先に見えるのは、滅亡へと続く道であった。

2　戦争に動員される人数

最大動員数二万人

これまでは個々の兵レベルでの経費をみてきたが、次に当時の戦争で動員された戦闘員の全体の人数（兵力）はどれくらいだったかをイメージするために、誰もが知る戦争から説き起こそう。

永禄三（一五六〇）年五月、織田信長が今川義元《よしもと》を討ち取った桶狭間《おけはざま》の戦いは、戦国時代に興味のある人ならば知らぬ者はないだろう。ただ、その経緯の多くは信長に仕えた太《おお》田牛一《たぎゅういち》が後に記した『信長公記』（『信長記』と呼ぶのがじつは正確だが、本書では一般に通じる『信長公記』と表記する）に拠っている。同時代に書かれたものではない二次史料であることから、その内容を全面的に信用するには慎重でなければならない。とはいえ、同書の内容はまったくのデタラメだったわけでもないことが多くの研究により確かめられているので、参考程度に使用することは許されるだろう。

『信長公記』首巻によると、尾張《おわり》国を制圧すべく進軍した今川義元の軍勢は「四万五千」で、「おけはざま山」（愛知県名古屋市・豊明市）に陣取ったと記されている。筆者太田牛一にとっても、大軍勢であったとの認識だろう。軍勢にものを言わせた今川方は、徳川《とくがわ》家康《いえやす》（当時は松平元信《まつだいらもとのぶ》）が籠もる同国大高《おおだか》城（愛知県名古屋市）に兵糧を運び入れることに成功した。一方の織田方といえば、わずか「二千に足らざる御人数」で、しかも最終的に義元に襲いかかったのは三〇〇騎ばかりだったと記している。

ここで問題にしたいのが、これらの数字が当時の実態に照らして無理のない数字だったかどうかである。特に『信長公記』首巻は信憑性に疑義が呈されることも多く、鵜呑《うの》みにはできない。ほかの記録を探ると、「北条五代記」によれば、この時の今川方は二万五〇〇〇だったという。これも正確かどうか心許ないのだが、小和田哲男氏は、この数字は非戦闘員として兵糧輸送などを担う陣夫《じんぷ》役《やく》として従事していた百姓が大半であり、実際の戦闘員（武士）の数は二〇〇〇から三〇〇〇だとすればおおよそ辻褄が合うのではないかと指摘している。当時の今川氏の支城は三〇ほどあったことから、それぞれに詰めた戦闘員あるいは居住する百姓の人数を推計すると、上記の数字がおおよそ妥当だという。太田牛一の「四万五千」は、信長の快挙を強調するための誇張だとする。

より実態に近づけるか試みてみよう。別の大名の事例だが、今川氏とライバル関係にあった北条氏の事例を取り上げたい。非常に大雑把な紹介にはなるが、佐脇栄智氏による詳細な分析に基づいて、おおまかな結果を示そう。それによると、北条氏は知行の貫高に基づいておおよそ五貫文当たりで一人の軍役負担を原則としていた。弘治二（一五五六）年の史料から家臣伊波《いなみ》氏の例をみると、貫高四四二貫八三二文が計上され、動員対象となったのは五六人（うち騎馬乗一二人）だった（『戦国遺文後北条氏編』五〇六）。ただしこの数字は単純に貫高と人数が正比例で対応していたわけではなく、乗馬する者は三人分として換算していたと推察されている。馬の負担の大きさが考慮されていたのだろう。

家臣一人当たりの負担をこのように捉えると、全体の数値がおおよそ推測できる。永禄二（一五五九）年に作成されたとみられる『小田原衆所領役帳』によると、北条氏家臣の総数は五六〇人、貫高は七万二〇〇〇貫文余りだったとされる。これを勘案すれば、動員可能だった戦闘員の総数はおよそ一万人前後だったと推計できる。このほか非戦闘員である百姓の動員数を勘案すると、全体で数万人の動員は可能だったとみられる。しかしそれは総動員した場合であり、北条氏が豊臣秀吉《とよとみひでよし》の軍勢を迎え撃った時期を除けば、原則的にそれは不可能だっただろう。小和田氏が指摘したように非戦闘員が戦闘員の一〇から二〇倍も動員されていたかどうかははっきりしないが、数倍の動員をかければ総勢二万から三万人の軍勢を召集することは可能だったとみることができる。

以上の分析が正しければ、一五六〇年段階で複数の国を支配するような大名権力の場合、一つの戦争に戦闘員は数千、非戦闘員を合わせると二万人前後の軍勢を組織することができたとみられる。

実際の戦闘員は数千人

ほかの事例はどうか。織田信長が上洛する前の畿内の事例を見てみよう。永禄九（一五六六）年二月の河内国《かわち》では、三好義継《みよしよしつぐ》の軍勢と、彼に敵対する「八隅《やすみ》父子」（安見氏の一族）との間で戦闘となった。伝聞ではあるが、その際の戦死者は「牢人衆《ろうにん》」（安見方か）が五〇〇人余、三好方が二〇〇人余だったという（『言継卿記』同月一八日条）。両者の軍勢の総数は、その数倍にはなっていたと推測できようか。大規模な戦争だったわけではなさそうだが、これだけの戦死者を出したのは、激しい戦闘であったこととともに、双方の軍勢もかなりの規模だった様子がうかがえる。

次に一五七〇年代の織田氏の軍勢についてである。天正七（一五七九）年正月に、羽柴《はしば》秀吉が発給した軍勢注文《ぐんぜいちゅうもん》（軍勢の人数などを記したリスト）と呼ばれる史料がある（『豊臣秀吉文書集』一八五）。この時秀吉は別所《べっしょ》氏が籠もる播磨国三木《みき》城（兵庫県三木市）を包囲し、攻城戦の最中にあった。この史料はその時のものである。それによると、「馬のり」が二〇人、「侍・こもの（小者）共」が一二七人、このほかに二六人の合計一七三人がリストアップされている。ずいぶん少ないようにも思えるが、これは戦闘員を数えたもので、非戦闘員を入れるとその数倍の軍勢にはなったのだろう。

次は本能寺《ほんのうじ》の変直後の事例をみよう。本能寺に織田信長を討った明智光秀《あけちみつひで》を討伐すべく上洛した織田信孝《のぶたか》や羽柴秀吉、丹羽長秀《にわながひで》らの軍勢が、天正一〇（一五八二）年六月一三日に、明智方が籠もる山城《やましろ》国勝龍寺《しょうりゅうじ》城（京都府長岡京市）を包囲したが、その時の軍勢は二万余だったという（『兼見卿記』同日条）。これも伝聞の記録なので実数とは断言できないかもしれないが、この頃になると、畿内周辺では数万の軍勢が睨《にら》み合うような規模の合戦が多くなったとみなすことができるだろう。

合戦での戦死者についてはどうか。再び三木城の事例をみよう。天正七年九月に三木城に籠もる別所氏を救援するために城内へ兵糧を運び入れようとした毛利氏らの軍勢と、秀吉は城下で合戦におよんだ。その際、秀吉は四〇八の首級を挙げたと述べている（『豊臣秀吉文書集』二〇二）。この一件は『信長公記』にも記録されており、それによると、数十人を討ち取って大勝したと記されている。数字にはかなり齟齬《そご》があり、じつは『信長公記』の方が数がかなり少ない。著者の太田牛一は、意外にも大袈裟な数字にならないよう慎重な筆致になることがあったのかもしれない。もしくは、秀吉の示した数字に誇張があったのか。

　わずかの事例ではあるが、以上の検討の結果、一六世紀後半の小規模な戦争では数百から数千の兵員で軍勢が構成されており、全面戦争のような大規模なものでは二万〜三万の軍勢になることもあった。しかしその多くには兵站を担う百姓らの非戦闘員が含まれていたので、実際の戦闘員は数千人規模だったと考えるのがふさわしい。

3　戦国大名の戦争経費

兵糧の調達

　兵個々の装備品の価格や戦争に参加したおおよその人数を踏まえた上で、大名の支出に関わる戦争の経費について考えてみよう。

戦争にまず欠かせないのは兵糧だが、中世の戦争では個々の兵が自ら兵糧を準備することが原則（兵糧自弁《ひょうろうじべん》）だった。そのためにこそ領地を与えているというのが、領主側の言い分である。兵が自ら兵糧を携帯することによって、兵糧を運ぶための人員を別途徴発する手間も省けたわけである。

戦国時代に入っても基本的に兵糧自弁だったが、徐々に戦争の大規模化と籠城《ろうじょう》の長期化が常態化してくると、兵糧自弁の原則を徹底することはむずかしくなった。有り体に言えば、零細な生活を営む末端の兵が十分な兵糧を準備することが困難になってしまったのである。大名としても兵糧が調達できないという理由で軍役を拒否されたり途中で逃亡されたりしては困るので、次第に大名側が兵糧を準備するようになっていった。

籠城戦が長期化するなど戦線が膠着《こうちゃく》すると、大名すら「自弁」がむずかしくなる場合もあった。その際には、援助という形で同盟を結ぶ他の大名から兵糧が搬送される場合もあった。例はあまたあるが、織田信長と本願寺《ほんがんじ》との間で戦が長期化した石山《いしやま》合戦の折に、本願寺を援助すべく毛利氏が兵糧を本願寺へ搬送した事例が著名である。

そこで、大名自身による兵糧調達の事例をみてみよう。永禄四（一五六一）年に、北条氏が遠く伊勢神宮の門前大湊《おおみなと》（三重県伊勢市）から米を緊急に買い付けた事例がある。なぜかというと、この時越後《えちご》の長尾《ながお》景虎《かげとら》（上杉謙信《うえすぎけんしん》）が小田原城攻撃のため関東へ侵攻し、迎え撃つ北条氏が籠城に備えて兵糧を緊急に調達する必要があったためである。調達した兵糧は、小田原籠城中の兵に支給された。

ただし大名自身による兵糧調達は、あくまで緊急的措置だった。永禄七（一五六四）年に北条氏が房総を支配する里見《さとみ》氏と下総《しもうさ》国国府台《こうのだい》（千葉県市川市）で戦争となった際には、支給ではなく兵糧を兵に貸与するという対応を採っている（『戦国遺文後北条氏編』八三六）。関東に覇を唱えた北条氏であっても、兵糧をすべて支給に切り替えるほどの余裕は備わっていなかったのである。

兵糧を大名が調達する場合、備蓄してある米を放出することで間に合えばよいが、季節（特に収穫前）によっては大名とて潤沢な備蓄があるとは限らない。では別途調達する必要が生じた場合には、どうしていたのか。もちろん戦地で略奪することもあったが、勝利後の統治を視野に入れると、乱暴な行為はリスクが高い。そのため、多くの場合は、大名が自ら費用を負担して兵糧を購買していた。先に見た北条氏の伊勢からの調達では、中世の太平洋沿岸を往来する海運の重要拠点である大湊の商人が介在していたとみられる。

西国に目を転じて毛利氏の場合も、領内やその周辺で活動する商人のみならず、武士ではありながらも流通拠点を支配して商業活動にも従事していた人物らから兵糧を調達する場合があった。

大内氏滅亡後に毛利氏の支配下で長門国《ながと》赤間関《あかまがせき》（山口県下関市）代官となった堀立《ほたて》氏は、毛利氏による九州進出に伴って必要になった兵員輸送を中心とした水運を差配して、港町である赤間関で兵糧を調達し、それを輸送する役割も担っていた。兵糧購入の財源は、赤間関に寄港する船舶からの役銭（津料）が主体だったのだろう。兵農分離という概念のない中世（近世にもそれがあったかは議論もあるが）では農業に従事する武士もいたが、同時に商業に深く関わった武士もいたのである。大名は彼ら商才に長《た》けた人物を通じて滞りなく物資調達ができるよう備えていた。それを可能とすべく、領内には重要な物流拠点を構え、そこを往来する商人らからの通行税を徴収して財源とした。

一回の戦争で一〇〇〇万円

以上の点を踏まえて、兵糧調達に関する費用を具体的にイメージしてみよう。天正六（一五七八）年一一月、毛利輝元《てるもと》は播磨国上月城《こうづき》（兵庫県佐用町）を乗っ取った尼子勝久《あまごかつひさ》と山中鹿助《やまなかしかのすけ》を攻撃した。尼子勝久の救援に駆けつけた羽柴秀吉を斥《しりぞ》けて毛利氏が勝利し、尼子氏復興の夢が散った戦争として知られている。この時、毛利氏の配下には、堀立氏のように商人的な家臣として兵糧調達などに携わっていた山本盛氏《やまもともりうじ》という人物がいた。彼はこの攻城戦で毛利氏に兵糧を用立てし、利息付きで貸し付けていた。ところが毛利氏が一向に返済しないため、天正八（一五八〇）年に山本盛氏が毛利氏に返済を要求してトラブルになった（『萩藩閥閲録』四巻四七三）。この時、山本盛氏が貸し付けた兵糧米は五斗入りの俵で六〇〇俵だったという。つまり三〇〇〇斗＝三〇〇石に上っていた。

上月城をめぐって毛利氏と戦った秀吉はといえば、その後、天正七（一五七九）年正月に播磨国三木城を包囲したが、この時には「はんまい（飯米）」三〇日分として合計で米三六石を計上していた。先にみたように秀吉の軍勢（戦闘員）は一七三人であったので、一人当たりの一日の支給量はおよそ米六合ということになる。毛利氏もそれと同じ量を兵に支給したとすると、米三〇〇石は一〇日分とすれば五〇〇〇人、三〇日分とすれば一六〇〇人程度の食糧に相当する。五〇〇〇人も動員するほどの攻城戦ではなかったので、毛利氏は一〇〇〇から二〇〇〇人のために一ヵ月程度の兵糧を山本盛氏から借りたと考えるのが妥当だろう。

米三〇〇石はどれくらいの価値だっただろうか。米の価格は年ごとだけではなく一年の間でも価格変動が大きい（収穫直後の秋から冬にかけては安く、収穫前の春から夏は高い）が、この時は比較的安い冬の戦争だった（そのため、一般的に戦争は秋から冬にかけて行われることが多い）。その上での話だが、一五七〇年代の米は、畿内周辺でおよそ銭一貫文＝米二石程度の相場をベースとしていた。これを当てはめれば、秀吉の用意した米三六石は銭一八貫文、毛利氏の米三〇〇石となると銭にして一五〇貫文に相当する。毛利氏のケースを現代の価値に換算すれば、およそ一〇〇〇万円程度になると考えられる。

この時代は銭に対して米が安い時代であったが（一般的には銭一貫文＝米一石がベースになることが多い）、それでもこのような巨額の負担が要求された。戦争は大名財政にとって大きな負担となったことが想像される。中国地方に覇を唱えた毛利氏であってさえも、いわば「借米漬け」に陥るような厳しい財政事情にあったのだ。もちろん負担は兵糧だけに留まらない。さまざまな軍需物資の調達費用も財政にのしかかっただろう。それでも生き残るための戦争をやめることはできない。なかなかに大名の領国経営はつらいものだっただろう。

4　戦時経済の現実――略奪と「乱取り」

拉致し、売りとばす

戦時における緊急的な物資の調達は、なるべく穏便に済ませたかったとはいえ、乱暴な形で行われることもしばしばであった。戦争では、古今東西を問わず略奪を防ぐことができないことも現実である。それは日本の戦国時代も同じであり、戦時の略奪がしばしば横行し、またそれは物資に限らず、戦地での人の拉致《らち》も行われていた。このような略奪や拉致は、戦国時代では「乱取《らんど》り」と呼ばれた。

戦国時代における戦時の略奪については、藤木久志氏による優れた研究によって多くの事実が明らかにされている。そのうち、越後《えちご》国を本拠とし、戦国大名として勢力を拡大した上杉謙信の事例をみてみよう。謙信はしばしば禁欲的な「義」の人というイメージが与えられがちだが、戦争ともなればそうも言ってはいられなかった。

永禄九（一五六六）年二月、関東へ侵攻していた上杉輝虎《てるとら》（謙信）は、常陸《ひたち》国小田《おだ》城（茨城県つくば市）に籠もる小田氏治《おだうじはる》を攻撃し、落城させた。その後、城下では人身売買が行われ、おそらくは乱取りによって拉致された人々が一人二〇～三〇銭（文か）で取引されたという。人身売買の対象となった人々は「足弱《あしよわ》」と呼ばれた人たち、すなわち女性や子ども、老人などであった。被害者には当地の一般庶民が多く含まれるが、小田氏の一族や家臣ら関係者の家族も多かっただろう。この頃上杉軍が侵攻した北関東各地で同様の乱取りが横行していたようで、売られてしまった人たちは、多くが自由を剝奪されて主人（購入者）に隷属的な下僕として従属することを余儀なくされる下人《げにん》（奴隷）となり、主人に使役されたり、商品として再び転売されたりするという運命をかこつことになった。しかも、謙信自身が乱取りを容認していたというから凄まじい。乱取りによる利益は、彼の抱える兵士たちへの報酬と認識されていたのだろう。

上杉謙信のライバルとして欠かせない武田晴信《はるのぶ》（信玄《しんげん》）も乱取りと無縁ではなかった。謙信の事例からは遡《さかのぼ》って天文一五（一五四六）年に信濃《しなの》国佐久《さく》郡を制圧すべく出陣した武田氏は、当地の国衆依田《くにしゅうよだ》氏の一族笠原清繁《かさはらきよしげ》が籠もる志賀《しが》城（長野県佐久市）を包囲した。笠原方の援軍として上野《こうずけ》国から派遣された上杉憲政《うえすぎのりまさ》の軍勢を打ち破り、武田氏は志賀城を陥落させて佐久郡を制圧した。武田晴信による信濃国制圧に向けての重要な画期となる一戦であったが、この時に大規模な乱取りが起こっている。

人間一人あたりは一〇万〜七〇万円

史料によると、武田方は当地の男女（人々）を生け捕りにして甲斐《かい》国へ連行したという。親類によって身請け（身代金）の支払いがあれば解放して帰したようだが、それにはそれぞれ二貫文から一〇貫文の間の金額が支払われたという（「勝山記《かつやまき》」天文一五年条）。現代の価値にすれば一〇万〜七〇万円程度といったところか。当該史料の記録はここまでだが、身請けがなかった人々は、下人（奴隷）として売買に供されたか、あるいは拉致してきた者が自ら使役したのだろう。

このような現実には、当時の権力者の中にも問題視する者があったようだ。下って天正一八（一五九〇）年二月に、徳川家康が駿府《すんぷ》（静岡県静岡市）を出発して小田原攻めに向かう頃、軍法を制定した。その中に、下知なくして男女（人々）を乱取りしてはならないとの規定がある。もし乱取りをしてそれを隠していたならば、その者の主人をも処罰するとしている（『浅野家文書』一八）。

このような法令を出したということは、現実には乱取りがいまだ横行していたことを示している。それを禁止しようとした家康の姿勢は、現代人からみれば、人道にもとる行為を禁じようとしたものと評価できるが、人道的措置が彼の真意だったとも単純には言い切れない。乱取りの横行によって軍紀や軍勢の統率が乱れることや、戦場となった地を終戦後に統治することを見越した措置だったとも考えておく必要があるだろう。

しかし、一六世紀末期になると乱取りが徐々に規制される方向へと向かったことも確かである。豊臣秀吉による統一過程を通じて乱世的ともいえる秩序が徐々に否定されていくなかで（これに関する秀吉の一連の政策を「平和令」と呼ぶこともある）、乱取りもまた否定すべき慣例と指弾されるようになっていった。家康の先の法令も確かにその流れに乗ったものだった。しかし現実は厳しいもので、乱取り自体は完全に消滅したわけではなく、大坂夏の陣においても横行していたようである。何ともやりきれない話だが、戦時の非人道的行為の禁止は、戦争自体がなくなってはじめて実現するというほかないのである。

第二章　戦国大名の収入

戦国大名とは何よりも戦争を行う権力だが、その財源はどうしていたのだろうか。それを知るために、平時における恒常的な収入源にはどのようなものがあったかをみていくことにしよう。

1 戦国大名のさまざまな権益

収入源としての税

現代人は、否応なしに税金を支払っている。近年の日本では特に消費税について議論がかしましい。税金は自ら得た所得の一部を差し出すのだから、相応に抵抗するのは当然ともいえる。

税にはさまざまな種類があることも、納税者は日々痛感する。消費税はもとより、所得税、住民税のほか、固定資産税、ガソリン税、酒税、タバコ税……数え上げれば切りがない。税は国家や自治体の運営資金として徴収されることは言うまでもない。私たちが税を支払うのは、それら行政組織の運営を通じてより安全・安心な暮らしを享受するためであるということが大前提である（再分配機能という）。それでも納税はつらいもの、戦国時代の庶民も思いは同じだっただろう。

戦国大名は、領内の住民からその所得の一部を徴収する権限を持っており、財源はそれに大きく依存していた。ただし、戦国大名がどのようにしてその権限を獲得したのかには、じつは複雑な問題がある。中世という時代には、およそ五〇〇年の長い間に、課税対象の土地の権益は徐々に分割され、それぞれが別々の権益として継承されていった。そしてその土地の徴税権を持つ領主が複数存在することも珍しくはなかった。戦国大名は、それらの権益のいずれかを前代の支配者から継承したり、あるいはすべてを強引に奪取したりして自らの財源としたのである。

そのため、戦国大名と一口に言ってもそれぞれの大名によって保持している権益にはいくつか違いもあるのだが、ベースとなる権益はある程度共通している。それらを挙げると、次の通りである。
・年貢　農林水産、牧畜業への課税
・公事《くじ》　朝廷の行事に必要な物資や労働への課税
・段銭《たんせん》（反銭）／棟別銭《むねべつせん》など　国家的事業（内裏《だいり》造営や遷宮など）の際に徴収した臨時税
・関銭《せきせん》／津料《つりょう》　道路や港湾の利用に対する課税
・その他　守護役（守護の場合）、軍役・陣夫役・普請役《ふしんやく》（いずれも労働奉仕）

なお、本書では現代と同様にこれらを税と呼ぶことにするが、当時の納入者は納税による見返りが多く期待できたわけではなかったので、これらの徴収は権力による収奪や搾取と言われることもあった。ただし見返りがゼロだったわけではなく、領主による治安維持やインフラ整備、種籾の貸付などの最低限の生活保障はあったので、納入者側が年貢を支払うメリットも皆無ではなかった。

（一）年貢・公事

戦国大名が持つ権益の中核は年貢であった。領内に居住する百姓（大半が農業従事者）から、基本的には一年ごとに、それぞれ定められた量の収穫物（基本的には米）の一部を税として徴収するものである。

そのルーツは、古代律令国家から百姓が田畠を与えられ（班田収授《はんでんしゅうじゅ》）、その見返りとして国家へ支払う「租《そ》」である（実際の納入先は諸国を統治した国衙《こくが》だった）。班田収授は早々に頓挫したが、その後も国家が主導して田畠の開発を進め、百姓にそれを与えて年貢を徴収した。国家が開発した田畠は国衙領あるいは公領と呼ばれる。これが中世においても朝廷運営の基本的な財源となっていた。

朝廷に仕える公家（貴族）はいわば国家公務員として朝廷から俸禄を得ていた。また、国家が建立した東大寺や伊勢神宮などの寺社（官営寺社）は、朝廷から運営資金を与えられて経営が行われていた。しかし平安時代の末期になると朝廷の財政が逼迫《ひっぱく》したため、国家の財源となっていた国衙領などさまざまな権益を公家や寺社に切り分けて譲渡し、個々で独立して経営を担わせるようになった。極端に言えば、現代に一世を風靡《ふうび》した「民営化」に近似した現象といえるだろう。各権力が個別に開発した土地も増加した。こうして得られた権益が荘園で、そこから納入された物資が年貢と呼ばれた。

内乱の南北朝時代になると、各地の守護は任国にある荘園から軍事費の名目で強制的に年貢の半分を徴収した（半済《はんぜい》）。これは戦時の臨時措置という名目だったが、内乱が終熄して以降も、土地を半分に分割して領地とし（下地中分《したじちゅうぶん》）、なし崩し的に徴収されるようになった。これがその後の守護やその家来たちの基本的な収入源となり、一般に守護領あるいは武家領と呼ばれるようになった。

しかしその一方で、守護は本来の領主に残された荘園の保護も幕府に命じられていた。そのため、かつて言われていたように、任国にあるすべての荘園を守護が侵略したわけではなかった。今でも高校日本史では守護がすべての荘園を侵略したと強調されているが（それによって守護が領国を形成したとみなす）、近年の研究では、そうではなかったと考えられている。守護領は任国全体の二割程度の面積だったという調査結果もある。実際には多くの荘園は経営が維持されていたのである。

このように守護の直轄地は限定的だったので、守護領だけでは潤沢な収入は得られなかった。そのため、任国にある荘園の経営管理を領主から請け負うこともしばしば行われていた（守護請）。その実務は現地に赴いた守護の家臣（被官《ひかん》）が行ったが、報酬は年貢のおよそ一割から二割であったようである。国の規模にもよるが、大きな国であれば守護請による収入は年間で合計一〇〇〇貫文程度になったと見積もられる。細川《ほそかわ》氏や畠山《はたけやま》氏など畿内周辺で複数の守護を兼務し、後に戦国大名にもなった勢力にとっては、守護請は年に数千貫文にも及ぶ貴重な収入源だった。ただしその一部は幕府に寄附の形で上納する必要があり、すべてが自らの収入となったわけではなかった。この上納金を守護《しゅご》出銭《しゅっせん》と呼ぶが、細川氏のような複数の国の守護の場合、年に一〇〇〇貫文程度が幕府に上納されることもあった。

産業はもちろん農業のみだったわけではない。漁業、林業、畜産業などもあったが、これらの税は現物ではなく一定額の金銭で徴収するのが一般的だった。米についても、戦国時代の段階になると現物で徴収するよりも、代わりに金銭を徴収することが多くなった。

公事は、本来は年貢とは別の名目で課税されていた雑税というべきものだったが、戦国時代になると徴収されることは少なくなり、徴収される場合も年貢に含めて区別されないことが多かった。ただし、自らの公権力としての正当性を誇示するため、大名によってはあえて公事という名目で、年貢とは別に課税を行う場合もあった。

（二）段銭（反銭）・棟別銭

長らく日本の国家権力を担った朝廷の経費もまた基本的に年貢でまかなっていたが、天皇の即位儀礼（大嘗祭《だいじょうさい》）や内裏の造営、あるいは伊勢神宮の遷宮など、臨時に巨額の財源が必要になることがあった（ちなみに戦国時代は、これらの事業はほとんど行われなかった）。貯蓄していた年貢からまかなうのが原則だったが、平安時代になって朝廷の財政が悪化してくると貯蓄が困難になったため、大規模な財源が一時的に必要になった場合には、臨時雑役と呼ばれた臨時税を全国の百姓に賦課するようになった。しかし荘園はこの臨時雑役が免除されたため、それも十分に機能しなかった。

そこで、一一世紀頃になると臨時雑役とは別の名目で臨時税を賦課するようになった。この臨時税は全国一律に田地の単位面積（一段＝およそ一〇〇〇平方メートル）当たりで荘園も含めて均等に賦課する形を取ったため、一国平均役《いっこくへいきんやく》と呼ばれた。一段（一反とも書く）当たりという課税基準だったので「段米《たんまい》（反米）」という別名があり、それが後に定着した。室町時代になると米ではなく銭を徴収するようになったため、段銭（反銭）と呼ばれるようになった。

室町時代の段銭は幕府が朝廷から徴収委託を受け、実務はそれぞれの任国の守護が現地に滞在する自らの家臣に担当させた。そのため、段銭の納入を嫌がる百姓たちは徴収を行う守護としばしば対立した。

守護から戦国大名となった権力には、この段銭が重要な財源となった。本来は朝廷へ納入する義務があり、百姓にも嫌われる面倒な仕事だったはずだが、応仁の乱を経て幕府権力が翳《かげ》りを見せると、自立を図る勢力はこれを自らの権益とするようになり（要するに横領した）、重要な財源としたのである。しかも本来は臨時税であったにもかかわらず、さまざまな理屈を付けてほぼ毎年徴収するようになった。たとえば大内氏は、よく知られた貿易利権とともに、段銭が主要な財源になっていた。

棟別銭は、家屋の数に応じて賦課した臨時税である。都市や都市近郊を対象として限定的に賦課されることが多かったようだが、戦国時代になるとこの棟別銭を財源として活用する大名がみられるようになった。

では、実際に大名は段銭や棟別銭によってどれくらいの収入を得ていたのだろうか。徴収台帳が残されている伊達《だて》氏の事例を取り上げたい。伊達氏はもともとは守護ではなかったが、大永二（一五二二）年に伊達稙宗《たねむね》が幕府から陸奥《むつ》国守護に任じられた。名目上ではあれ守護として段銭や棟別銭を徴収する正当性を獲得したことから、天文四（一五三五）年には領内を対象とした棟別銭（棟役）の台帳を（『伊達家文書』一三七）、そして天文七（一五三八）年には段銭の台帳を作成している（「御段銭古帳」）。

それによると、棟別銭は合計で年一六四二貫五〇〇文、段銭は年六八〇〇貫文余が計上されている。作柄に応じて徴収額を減免することも多かったので実際の徴収額はこれよりも少なかったと考えられるが、それでも少なくとも一年で数千貫文の収入が見込まれていたことになる。これに年貢が加わるので、伊達氏の財政は東北地方のイメージからすれば意外と多かったようだ。

以上のような財源は、おそらく守護に任じられる以前から確保していたのだろう。この富は、後に伊達氏が東北地方で勢力を拡大する基盤となったのはもちろんのこと、中央への献金により、政治的プレゼンスの獲得手段にも用いられた。先に見た守護補任がそもそもその結果であった。献金の様子については後に触れたい。

現在の東北地方に当たる陸奥国・出羽《でわ》国は、寒冷で農業生産において他地域に劣るイメージが強く、その経済規模は低く見積もられるのが一般的ではないかと思われる。しかし伊達氏の財政規模をみる限り、このイメージは正しくないのかもしれない。また農業生産のみではこれほどの税は徴収できなかったとしても、交易などの商業活動による収益を税として吸い上げていた可能性もあるだろう。発掘調査などからも、当時の東北地方では北方（現在の北海道やサハリン、シベリア）との交易が行われていた形跡をうかがわせる遺物が発見されている。人々は、このような物流になんらかの形で参画し、富を築いていたと考えられる。

なお、首都京都や各地の流通拠点、城下町などの都市部では、工芸品や実用品、嗜好品などの製造業や、物資を運搬する流通業、それらを販売する小売業、ほかに金融業や各種サービス業がすでに存在していた。しかし、これらの産業従事者やその収益を権力が個別に把握して課税することは当時はむずかしかった。そのため、これらの業者への課税は、収益ではなく所有している不動産に課税することが中世では一般的だった。これらも段銭や棟別銭と呼ばれた。ちなみに、住宅が密集して居住地の面積が小さい京都では屋敷地の間口の広さに応じて幕府が住民に課税しており、地口銭《じぐちせん》と呼ばれた。

ところで、守護を出自としない大名の中にも、段銭を主要な財源とした勢力があった。それは、幕府官僚だった伊勢宗瑞《いせそうずい》を祖とする小田原北条氏だった。小田原北条氏は幕府の後押しを受け、実質的に守護と同等の立場を与えられて関東へ進出していった。後には幕府から完全に自立したが、当初、北条氏は守護の権限としての段銭徴収の正当性を掲げることで、財源を確保したのだった。

（三）その他

ほかには、大名が税として庶民を徴発することもあった。古代からある伝統的な課税だが、戦国時代には、百姓は大名から物資運搬や土木・建築工事への奉仕を課されるのが一般的であった。百姓は非戦闘員とされていたが、時には戦争に動員されることもあった。これらは当時、「役《やく》」と呼ばれ、内容に応じて夫役《ぶやく》や普請役、軍役などと呼ばれた。先に見た一国平均役も、本来は労働力の徴発という名目だったので「役」と呼ばれていたのである。

ちなみに、商業に関わる課税も「役」と呼ばれた。室町時代には幕府が酒造業者に所持する酒壺の数に応じて課税した酒屋役や、金融業者に経営規模に応じて課税した土倉役などがあった。

以上の整理を踏まえた上で、次に出自のそれぞれ異なる大名を取り上げて、収入の実態に迫ってみたい。取り上げるのは、守護から大名になった大内氏、守護を出自としないが、その権限を取り込んだ北条氏、そして守護の家臣（被官）からのし上がった織田氏である。

2　大内氏の財源――守護から戦国大名になった場合

「公」のアピール

大内氏は平安時代後期に周防《すおう》国に土着し、国ごとに設置された役所、国衙の在庁官人《ざいちようかんじん》（現地職員）となった。その後、鎌倉時代にかけてこの国衙を代表する存在にのし上がったとみられている。南北朝時代には長門国や九州北部を軍事的に制圧し、一三六〇年代頃に室町幕府から周防・長門両国の守護に任じられて以降、両国に地頭《じとう》として所領を持っていた領内の小領主（国人《こくじん》）を家臣に取り込んで行った。こうして大内氏は、両国での軍事的覇権を確立した。

大内氏の独自の財源としては、南北朝時代の戦乱のさなか、周防国内にあった荘園から年貢の半分を兵糧として徴収した半済や、この頃に獲得した長門・豊前《ぶぜん》・筑前《ちくぜん》国での直轄領（その多くは鎌倉幕府の御家人《ごけにん》や南朝に味方した領主から奪った所領）から徴収した年貢などが主であったとみられている。

上記の財源は、一五世紀末にも健在だった。たとえば延徳四（明応元、一四九二）年、当時の当主、大内政弘《まさひろ》上洛の費用負担の名目のもと、豊前国規矩《きく》郡吉田保《よしだのほ》（福岡県北九州市）にあった八幡宮・竜王宮領の一部から年貢の半分を「借用」と称して徴収したという例がある（『戦国遺文大内氏編』七二二・七四二）。「借用」であれば徴収とはいえないが、実質的には半済であった。同年の一二月に、こうして借用した「半済米」一石九斗五升を「収納」として処理していることからも、徴収であったことがわかる。

重要な財源は、このほかにもあった。その一つが守護役である。その名の通り守護に任じられることによって得られた権限で、直轄領を対象として年貢以外に兵糧米を徴収した（直轄領ではない荘園等に賦課する半済とは対象が異なる）。そのほかにも、物資の運搬に当たる人夫にも、守護役として百姓を徴発した。守護役は軍需用途をまかなう意味合いが強いが、それはこれが半済と同様、南北朝内乱時代、戦時の臨時税として徴収が始まったからだった。しかし内乱が終熄したにもかかわらず、臨時税という性格はうやむやになり、ほぼ毎年、賦課されるようになっていった。取られる側としてはたまったものではないが（百姓はしばしば納入拒否を主張した）、取る側には重要な恒常的財源となった。もちろん段銭も重要な財源であった。

このほかには、農業以外の経済活動などに関わる諸役（関所の通行税＝関銭や、港湾の使用税＝津料など）や、別の臨時的な課役などを徴することもあった。

大内氏はこうした徴収を、まとめて「公用《くよう》」と呼んでいた。また、納入された税は「公《く》物《もつ》」と呼んだ。公用とは直訳すれば、公に用いるためのもの、となる。そのように呼ぶのは、先に見た公事という税目を意識したためだろう。あえて税を「公のための物」と強調することで、自らが公的な権力であることを積極的にアピールし、その権限によって税を徴収するのだと、正当性を主張したのである。

大内氏には、自らが「公」的存在であることをアピールするため、朝廷に仕える役人（在庁官人）であった出自をアピールし、律令的な官制を意識した支配体制に固執するところがあった。応仁の乱の後に九州北部を制圧すると、その領有の正当性を得ようとして大《だ》宰府《ざいふ》の官職（大宰大弐《だいに》・大宰少弐《しょうに》）を朝廷に対して強く求めたり（もちろん代々この官職を世襲する少弐氏への対抗意識もあったが）、律令制の文書様式で九州の自領内に対して命令を発したりもしていた。律令制下の行政単位であった国・郡単位での支配にもこだわり、独自に郡司・郡代・郡奉行を設置して、地域支配の中核とした。主要な財源である段銭も、これら郡単位で設置された責任者が「段銭奉行」となり徴収に当たっていた。

このように大内氏は、自らの支配の歴史的な正統性を、積極的にアピールした。公的な権力であるという認知が領民から得られなければ、いかに軍事力を誇ろうと、正当な権力者として振る舞うことはできない（長続きはしない）、そう強く感じていたのだろう。大名とはいえ、権力を維持するためには非常に気を遣っていたことがわかる。

自らが公的な存在であることをことさらに主張する必要に駆られたことには、もちろん戦争への動員をつねに行う必要があったことも影響している。やや時代が遡るが、応仁の乱の最中で当主の大内政弘が上洛中だった文明七（一四七五）年四月、豊前・筑前両国での「錯乱」によって、両国の大内方の勢力が周防・長門両国に一時的に撤退したことがあった。挽回すべく大内氏は、「半済」として周防・長門両国の寺社領から「兵粮《ひょうろう》料」を徴収した（「大内氏掟書」一二二条）。

この徴収について大内氏は「まことに本意にあらず」と苦渋の決断であったとアピールして、徴収の対象となった寺社の理解を得ようとしている。それが本心であったかどうかはともかくも、ひとたび戦争となれば、「国家安全」の名のもとにさまざまな名目で刹那的な徴収が行われるのがつねであった。しかし、軍事力に物を言わせて強圧的に徴収するには無理がある。徴収の成功は戦争遂行の正当性のアピールにかかっており、そのため、普段から公的な権力として振る舞う必要があったのだ。

年貢などの恒常的な徴収もまた、公益のために行われるものであることを強調する必要があった。公用という名目で諸役を徴収したのもそのためだが、恣意的な徴収ではなくわざわざ公用と称する以上、その徴収方法にもしっかりとしたルールを定める必要があったことは言うまでもない。

「公用」の費用は領民の自己負担

大内氏領国では、公用を徴収するため各所を使節が巡回していた（この使節を「本使」と呼んだ）。一六世紀初頭には、その日当として一日五〇文か米五升のどちらかが設定されていた（代理人が巡回した場合はそれぞれ半分）。この日当を誰が支払うかが問題だが、使節が巡回する際にはその日時を事前に各所へ触れて受け入れる準備をさせるように決められていたことから、日当は受け入れ側が準備していたとみられている。もっとも使節が到来してもすぐに公用の支払いが完了したわけではなく、納入が整うまでには時間がかかったようで、その間、使節は現地に滞在して納入を待った。その滞在中には接待が催されたが、最大三〇日までの滞在は「自堪忍《じかんにん》」と称して受け入れ側が費用を工面する決まりだった。この「自堪忍」が、日当に相当したのである。つまり使節の滞在費用は支払い側が負担していたわけである。支払いが滞って使節の滞在期間が三〇日を超えることもあったようだが、その追加費用も受け入れ側が負担させられていた（「大内氏掟書」一六〇～一六三条）。

このように領民の負担は過酷なものであったが、それゆえにこそ、「公」として徴収する側にもルール遵守《じゅんしゅ》が求められた。使節の不正行為も、厳重に処罰する規定があった。例えば、公用として納められた金品から勝手に日当としてピンハネしたり、徴収が未了としていたずらに滞在期間を延長したりするような行為は、納入者側の訴えがあれば処罰するとされている。過酷な徴収にこだわれば領民の生活が逼迫《ひっぱく》し、場合によっては逃散《ちょうさん》（逃亡）に発展することも予想されたからである。人々の逃亡による生産放棄は結果的に大名財政を揺るがすことになるのが必定なので、大名権力には財源確保一辺倒ではなく、領民の生活の安定を促す政策（撫民《ぶみん》）も欠かせなかった。

3　北条氏の財源――新興領主の場合

まったく地縁のない土地で

次に小田原北条氏（後北条氏とも呼ばれるが、本書では北条氏と呼ぶ）をみてみよう。北条氏は典型的な戦国大名として古くから注目されてきたが、大内氏のように長い時間を経て権力を築き上げた勢力とは趣を異にしている。そこで、北条氏が興隆に至った過程を振り返っておきたい。

北条氏は一六世紀、五代およそ一〇〇年にわたって南関東と伊豆《いず》国に覇を唱えた大名である。一般に北条早雲《そううん》として知られる初代伊勢宗瑞（実名は盛時《もりとき》）は、室町幕府政所執事《まんどころしつじ》（簡単に言えば、将軍の秘書）を世襲していた伊勢氏の一族伊勢盛定《もりさだ》の子として、京都で生まれた。宗瑞は元服後、将軍足利義尚《よしひさ》に仕えていたが、姉の北川殿《きたがわどの》が駿河《するが》国守護の今川義忠《よしただ》に嫁《とつ》いだことで、東国に縁が生まれた。今川義忠の死後、後継を巡る内訌《ないこう》が発生したときには、宗瑞は姉の子竜王丸《りゅうおうまる》（のちの氏親《うじちか》）を支援すべく長享元年（一四八七）頃に駿河国へ下向し、敵対する今川庶家の小鹿範満《おしかのりみつ》を滅ぼして氏親を家督《かとく》に就けた。

ミッションを成功させた宗瑞は一度、京都に戻ったが、延徳三（一四九一）年、伊豆国堀越《ほりごえ》（静岡県伊豆の国市）に拠点を置く「堀越公方《くぼう》」足利政知《まさとも》（義政の弟）が死去すると後継争いが勃発し、政知の子・茶々丸《ちゃちゃまる》が幕府の意向に反して弟らを殺害する事件が起こった。そこで宗瑞は、茶々丸を討伐すべく再び駿河に下向した。宗瑞は甥に当たる今川氏親の後見もこなしつつ駿河国興国寺《こうこくじ》（静岡県沼津市）に拠点を構え、茶々丸の放逐に成功した。宗瑞は堀越に近い韮山《にらやま》（静岡県伊豆の国市）に移り、京都に戻らずにこの地に本拠を構えた。かくして伊豆を拠点に宗瑞は、幕府関係者としての立場も兼ねながら、関東の混乱に介入した。その結果、一四九〇年代後半には相模《さがみ》国小田原《おだわら》（神奈川県小田原市）を本拠とする大森《おおもり》氏を排除して同地を奪取、拠点を移す。ここから関東における覇権形成が始まった。その後、宗瑞を継承した嫡男北条氏綱《うじつな》の代に大きく飛躍し（北条氏を名乗るのも氏綱からである）、関東で一大権力を築き上げていったが、その過程はここでは省略する。

北条氏は、一五世紀の末にまったく地縁のない地域に当主が下向し、軍事力を駆使しながら敵対する勢力を武力で排除し、支配地を拡大させていった。もっとも、室町幕府および守護の関係者として下向したのだから、まったくの裸一貫であったわけではなかったが、財源とすべき自身の所領を持たない地域で一から支配を始めたことは確かである。それゆえ恒常的な財源を確保するには征服地における旧領主の利権をいっさい白紙化したうえで、年貢などの収取システムを新たに構築しなければならなかった。もっとも、北条氏は関東征服の過程で味方に靡《なび》いた旧領主を従属下に取り込むこともしばしばであった。従属した領主たちは自らの所領の継続支配＝安堵が認められたから（彼らは外様国衆《とざまくにしゅう》と呼ばれている）、北条氏やその直属家臣（給人《きゅうにん》）は、討滅した敵対勢力の旧領や、有名無実化した荘園などを自らの所領として、そこからの年貢を財源とした。

検地

収取システム構築の様子を具体的にみてみよう。関東に拠点を移した伊勢宗瑞は、永正三（一五〇六）年頃に動き出す。その核となった施策が、検地《けんち》である。検地とは、征服した新たな所領において、その耕作地や屋敷地所有者などの旧来の権利関係を調査することである。検地によって、それぞれの土地から得られる利得を主に銭建てで数値化して記録した。これが年貢徴収のための台帳となる。

永正三年の検地で対象となった地域として、家臣の南条綱良《なんじょうつなよし》が支配する相模国西郡《にし》の「宮地」（神奈川県湯河原町）が確認されている（『小田原衆所領役帳』）。この時の検地は、小田原周辺が対象だったようである。その後徐々に相模国東部から武蔵《むさし》国、そして上野国へと領国を拡大させるとともに、検地の対象地域も広がっていった。領国の拡大過程では、領内に所在する寺社に引き続き所領を安堵したり、新たに寄進したりすることがあるが、それらの土地に関しては、検地を経た上で改めて所領を与える形式を採っている。

中世には長い時間の経過により、一つの土地に複数の権利保有者が存在するという複雑な状態になっていた。戦国大名による軍事的制圧は、この権利をすべて白紙化し、検地を経て、新たな権利所有者を設定した。つまり検地は土地の領有関係を一元化して簡素化する効果をもたらした。年貢などを徴収される百姓にとっても、納入先が一つになることで余計な作業が減るメリットがあっただろう。

検地といえば、歴史的に最も有名な事例は、一五八〇～九〇年代に豊臣秀吉によって行われたいわゆる「太閤《たいこう》検地」である。太閤検地は旧来の権利関係のみならず面積や耕作者個々も現地調査し、それを石高＝米建てで数値化したものとされている（ただし、それがどこまで徹底されていたかについては、現在では多くの異論があるのだが）。しかし、精粗の差こそあれ、検地自体は太閤検地以前から戦国大名によって広く行われていた。永正三年の伊勢宗瑞による検地では、残念ながら関連史料が乏しく具体的な作業手順ははっきりしないが、検地の一般的な手続きを踏まえると次のような作業が行われたとみられる。

土地の資産価値の再評価と権利関係の整理を行うのは当然として、新たに開発されて徴税対象として把握されていなかった土地（新田《しんでん》）や、隠田《おんでん》と呼ばれた課税逃れをしている耕作地を検出したり、水害で水没した土地やその他災害や戦乱などで荒廃した土地（荒田など と呼ばれる）を確定したりする作業が行われたようである。ただし、測量をともなった大規模な現地調査を実際に行うことはまれだった。広大な隠田の存在が疑われるなど余程の不審がない限り、過去に使用されていた帳簿があれば提出させ、それに基づいて査定がなされるのが一般的だった。旧来の帳面の提出を指出《さしだし》と呼ぶことから、このような検地を指出検地《さしだしけんち》と呼んでいる。検地の結果、個々の田畠などの面積やそれぞれの所有者（地主）をリストアップして記録した帳簿（検地帳）が作成され、それぞれの地域で保管された。

土地の性格は、開発や改変により時間の経過と共に変化するので、一定の時間を経て改めて検地を行う必要もあった。北条氏綱を継いだ北条氏康《うじやす》への代替わりに当たる天文一〇（一五四一）年から翌年頃にかけても検地が行われた。その様子は、相模国西郡下中村上町

（神奈川県小田原市）の検地帳（『戦国遺文後北条氏編』三八四）からうかがうことができる。それによると、個別の田畠の面積と地主（実際の耕作者は別人の場合もある）が列挙された後、末尾には田畠別にすべてを集計した面積が記載され、それを元に「分銭《ぶんせん》」と呼ばれる評価額が算定されている。その数値は、田分が面積一四町一段三〇歩に対して分銭七〇貫五四二文、畠分が面積二七町五段五〇歩に対して分銭四五貫四〇〇文となっている。一町＝一〇段、一段＝三六〇歩なので（ちなみに、一歩は現在の一坪＝約三・三平方メートルとほぼ同じ）、田方は一段当たり五〇〇文、畠方は一段当たり一六五文となる。この数値は領内の他の検地でもおよそ同一の基準となっていたようである。もっとも一部にそうではない郷村もあり、郷村ごとに土地の生産性を判断して、差をつけていたとみられる。

なお、かつての守護だった戦国大名においても、一六世紀半ばに差し掛かる頃には、領国内で検地を行って自らの支配に一元化する動きが明確になってくる。具体的には駿河国の今川氏と甲斐国の武田氏などが挙げられる。今川氏の例をみると、天文二一（一五五二）年に駿河国泉郷《いずみ》（静岡県清水町）で検地が実施され、それによって新たに判明した分（「増分《ましぶん》」）は米二〇〇俵の知行に相当したという（『戦国遺文今川氏編』一一二八）。このようにかつての守護も、領国内における中央の各領主による支配権を否定し、自らの支配地に組み込んでいった。

納入は銭で

北条氏の事例に戻ろう。検地によって確定した土地の評価額は、貫高＝銭建てで帳簿に記載され、その数値を基にして、年貢やその他の諸役を賦課した（「貫」高と呼ぶのは、銭一貫文＝一〇〇〇文であったことによる）。すなわち、貫高の基準は田一段＝五〇〇文だとしても、この額が年貢の納入額そのものだったわけではなかった。実際には年ごとの作柄によって割引されたり、年貢以外の諸役負担が控除されていた。たとえば、年貢以外の負担となる要素を銭建てで数値化し、それを「公事免《くじめん》」として控除したが、その額は貫高の一〇分の一に固定されていた。このほかにも、いくつかの名目で控除されたケースがあった。こうして控除分が引かれた後の額は、北条氏の場合はそのまま年貢の納入額（定納《じょうのう》）とされた。この点は、控除の後さらに割り引いて実際に納入する年貢（米）の量が決定された、太閤検地の仕組みとは異なっている。

北条氏の収取は、果たして苛烈だっただろうか。田一段＝五〇〇文の基準がどれほどのものであったか、参考までに現在の価値と比較してみたい。冒頭に定義したように当時の銭一文の価値は現在でおよそ六〇～七〇円程度と考えると、五〇〇文は現在でおよそ三万円強の価値になる。農林水産省が発表している「平成二七年産水稲の一〇アール当たり平年収量」(http://www.maff.go.jp/j/press/tokei/seiryu/150331.html、二〇一七年一二月二七日閲覧)を参照すると、現在の平年収量は一〇アール(約一段)当たりおよそ五一七キログラムとのことである(米は一石でおよそ一五〇キログラムとすると、現在の一段当たりの米の収穫量はおよそ三・四石となる)。現在の米(玄米)の卸価格は一キログラム当たり五〇〇円程度とみられるので、五一七キログラムの場合は二五万八五〇〇円となる。現在は生産性が飛躍的に上昇しているのであくまで参考程度とすべきだが、年貢が一段=五〇〇文=(現在の)三万円強ならば、二六万円近い収入のうちとすれば税率は一〇パーセント強であり、それほど苛烈な基準ではなかったとひとまずはいえそうである。

貫高制の功罪

ちなみに、当時の土地の評価額算定に際しては、米一石=銭一貫文という非常に単純な固定レートが適用されることが多かった(つまり実勢相場ではなかった)。一方、太閤検地の上田《じょうでん》(生産力の高い田地)での基準は、一段=一・五石程度とされることが多かった(ただし一段=三〇〇歩で、北条氏の三六〇歩とは異なる)。これらを単純に当てはめれば、太閤検地段階では一段=一・五貫文となり、数字上では、豊臣秀吉の時代の負担は北条氏のじつに三倍にも達する。そう考えると、太閤検地では石高から相当数を割り引いて年貢を徴収したのも当然だったといえそうである。ちなみにこの三倍という数字は、一六世紀後半の経済を考える上での重要な数値となることを憶えておいていただきたい。

北条氏が貫高制を採用したのは、貨幣で価値を表記する利便性や、貨幣の直接収取の効率性が当然ながら重視されたためである。しかしこの結果、米穀生産を主要な産業とする当時にあって、生産者たる領民は相場変動によって収支が大きく影響を受けることになった。一六世紀後半になって貨幣の流通事情に問題が起き始めていたにもかかわらず、依然として北条氏が貨幣である銭の収取に強くこだわったために、領民との間でトラブルを起こすことにもなっていた。

貫高制を導入した結果、家臣たちの所領は貫高で数値化されたが、これが戦時における軍役負担の基準になった。つまり貫高の多寡《たか》によって従軍する兵士や装備品などの準備の多寡が決定されたのである。とはいえそれらの負担は家臣本人ではなく、年貢として領民の負担に転嫁される構造になっていた。そのため、負担のあり方を巡って大名・家臣・領民の間でつねに緊張関係があったことを忘れてはならない。

ちなみに、先の北条氏康の検地が代替わりを契機としていたように、再検地は代替わりに行われるのが一般的であったとみられる。代替わりを契機として領主が政策を一新したり、逆に領民がそれを要求する行為は、中世に広くみられる慣習の一つだった。そのような刷新はよりよい政治＝「徳政」の開始として社会に認知されていた。なかには旧領主時代に発生した権利関係（特に貸借関係）をすべて白紙（チャラ）にするような要求が領民の側から突きつけられることもあった。

戦国時代には、検地がこの代替わりを象徴する政策となっていた。それはなぜか。検地を行うことによってそれまで課税を逃れていた田畠が摘発され、所有者に新たな負担を強いる結果になることが多かった一方、すでに荒廃している耕作地が荒廃地として公認される契機にもなり、その結果、所有者の負担が軽減される場合もあったのだ。検地には、領民の側にとって「徳政」として負担の軽減化が実現することへの期待がいくばくかはあったのかもしれない（その期待の多くは裏切られたであろうが）。もちろん「徳政」として実施される政策には、思い切った減税策の採用など、より明確に撫民を狙ったものも存在していた。北条氏も後にこの撫民としての「徳政」を実行することがあった。それが北条氏の財政を大きく変えることにもなった。

税制改革

財政に話を戻そう。以上のようにして、検地によって土地の評価額を算定し、その数値をベースとして、年貢の納入額や軍役の負担割合が決定された。これによっておおむね税制は確立したが、折を見て、税率を変更するなどの税制改革に乗り出すこともあった。北条氏の例では、天文一九（一五五〇）年四月に北条氏康が抜本的な税制改革を行ったことが知られている。次にその目的と内容について見てみよう。

改革の目的は、領民の生活環境の改善だった。関連史料によると、「国中諸郡退転」のために「諸郷公事赦免」することになったという。年貢は免税対象にはならなかったが、領民の生活が逼迫する事態に至ったため、公事（段銭・棟別銭）を免除した（『戦国遺文後北条氏編』三六五〜三七二）。このことから、この時の政策は「公事赦免令」と呼ばれている。

なぜ当時、領民の生活が逼迫していたのか。政治情勢を見ると、天文一五（一五四六）年に、北条氏は武蔵国河越《かわごえ》（埼玉県川越市）で、主に武蔵国北部から上野国周辺に勢力を張っていた上杉憲政《のりまさ》らを撃破するなど（「河越夜戦」などの呼称で知られる）、関東での覇権を争って頻繁に軍事活動を遂行していた。そのために、領民の負担も過重になっていたのだろう。

一方、この頃に発生した災害を重視する見解もある。改革が行われた前年の天文一八（一五四九）年四月に、関東で地震があった。堤防の決壊などがあったのだろうか、地震の影響でこの年は不作に見舞われたようである。それによって生活が立ち行かなくなって逃亡する百姓が増加したため、改革によって彼らの負担を緩和し、百姓の生活を再建させる必要が生じていた。ただし単なる負担緩和のみが目的だったわけではなく、軍事活動の維持も重視されていた。百姓の生活を安定化させて財源を安定的に確保したいという大名側の意図はそのためにこそあったことも忘れてはならない。

この時、免除となった公事の中には、労働力奉仕（諸役）も含まれていたようである。具体的には、普請（公共事業）や戦時の物資輸送（兵站）のために徴発される陣夫役と呼ばれた労働力での奉仕、軍需物資（材木や竹など）の現物納入などが緩和の対象となった。従来も年貢徴収時に貫高の一割が「公事免」という形で貫高から控除されていたが、それでも負担は小さくなかっただろう。

なかでも特に問題となったのは、陣夫役だった。戦時における兵糧の運搬などに駆り出されるため、軍事活動の活発化はそのまま百姓に負担増としてのしかかった。税制改革の背景に軍事活動の増加をみる見解は、こうした事情を意識したものであった。

改革前に課せられていた労働奉仕を具体的に数字でみると、普請（大普請役）の場合は村の貫高二〇貫文につき一人を年一〇日間、物資輸送（陣夫役）は貫高四〇貫文につき一人で、戦争一回当たり一〇～二〇日間だった。徴発する側は、百姓の負担への意識が低く、上記の原則を杓子定規に適用して必要以上に徴発することがあったようで、百姓は大いに疲弊した。このことが大名による改革を決意させるほどの問題になったわけである。組織の上層部の関知しないところで組織の中間層が勝手に過重な負担を現場に強いたことで末端が無駄に疲弊し、それが結果的に組織全体の足を引っ張っていたということだろう。中間層にとっては、同格のライバルを出し抜く手柄を得たいという思いだったに違いない。このような組織の実態は、現代日本に生きる庶民も身に詰まされる話である。

さまざまな減税策

ここまで年貢と労働奉仕について述べてきたが、段銭・棟別銭も、当然ながら重要な財源となっていた。年貢は、直轄地を除けば、基本的にはそれぞれの土地を知行として与えられた家臣の収入になるが、段銭・棟別銭は大名独自の財源として徴収されるので、大名自身の経営にとって重要だった。天文一九年以前の北条氏は、年貢・段銭・労働奉仕のほか、耕作地以外の屋敷などに賦課された棟別銭を徴収していた。段銭は北条氏もまた臨時税ではなく恒常的に賦課しており、その税率は年貢と同じく貫高で、田地一段当たり五〇文であった（畠は対象外）。棟別銭は北条氏の場合、屋敷の間口の広さで税額が決まっており（実際は地口銭と同じ）、一間当たり五〇文であった。棟別銭は城下町など段銭で賦課しえない屋敷地に対して設定したもので、農業以外の産業（手工業や商業）に従事する人々に賦課することが目的だった。

天文一九年の税制改革では、これら段銭と棟別銭も減税となった。段銭は貫高のおよそ一〇パーセント程度（一段＝約五〇文）だったものを二〇パーセントの減税となる一段＝約四〇文へと緩和し、棟別銭は一間当たり五〇文から三五文へ減税している（三〇パーセントの減税）。段銭・棟別銭の税収が二〜三割も減少したのだから、相当なインパクトがあっただろう。かなり思い切った減税策だったと評価できる。当時の北条氏は所領を拡大させるいわば「成長期」にあったので総収入への影響が比較的小さく、それがこれほどの思い切った減税を可能としたのかもしれない。高成長の賜物といえようか。ただし、弘治元年（一五五五）には段銭が逆に増税に転じるなど、一筋縄ではいかなかった。北条氏の領国経営の事情に応じて税率は時折調整されていくことになった。

労働奉仕は、天文一九年の改革で一斉免除となった後に、恒常税としては廃止された。戦時など緊急時に必要な普請・陣夫役はそのまま残されたものの、多くは労働力奉仕ではなく、おおむね一年につき貫高の八パーセントの「夫銭」を納入する制度に変更された。普請や戦時の緊急的な陣夫などで動員されることはあったが、以上の改革によって百姓の労働力負担は軽減されたとみられる（総動員体制となった、豊臣秀吉との対決を迎えた最末期は除く）。

これらの軽減策は、大きな戦時負担の見返りとして獲得した果実を領民に還元するとともに、収穫量の低下に繋がる耕作時の労働力不足を解消しようとする北条氏側の意図によるものでもあった。軍事活動の遂行は、領民の安定した生計維持に基づく着実な再生産があってこそ保証されるものであることは言うまでもない。領民が安定的な再生産を行うことを「成り立ち」と呼ぶが、この改革は、その「成り立ち」を重視した政策であった。

ただし、繰り返しになるが、もちろん納入者側の負担軽減のみに終始した改革だったわけではなかった。労働奉仕を事実上廃止した一方、新たな税が新設された。それまで段銭賦課の対象外だった畠への課税である。畠には、年貢とは別に、貫高の六パーセントを毎年徴収する新税が設立され、この税は懸銭《かけせん》と呼ばれた。これによって、年貢以外の課税は、田には段銭、畠には懸銭を、それ以外の屋敷地などの用地には棟別銭を賦課するシステムが完成した。

4　織田氏の財源――守護の被官から出発した場合

守護代職を踏台として

尾張国で勢力を広げた織田氏の出自はわからない点も多いが、古くは越前《えちぜん》国織田《おた》荘（福井県越前町）の荘官だったことが確認されている。室町時代には、越前国の守護となった斯波《しば》氏に属すようになった。斯波氏は足利将軍家に最も近い一門、幕府の重鎮だったので、東国方面への要衝《ようしょう》を押さえるべく、越前国のほかに尾張国の守護にもなっていた。織田氏はその守護代として尾張国に移住し、同国の実質的な統治を徐々に任されるようになっていった。

よく知られるように、織田信長自身は尾張国守護代織田氏の一族ではあったが、傍流の家系の出身であった。しかし父の織田信秀《のぶひで》の代に同国内で大きく勢力を拡大させ、信長もその勢いに乗って同国を制圧していった。永禄三（一五六〇）年の桶狭間の戦いで今川義元を討ち取った事件はいうまでもなく有名だが、それは東海地域の政治情勢を一変させただけでなく、信長の尾張国内での覇権を決定づける戦争ともなった。

さて、織田氏の財源はどのようなものだったのだろうか。一六世紀になるまでは、残念ながら具体的なことはほとんどわからない。一般的に守護代は、室町時代よりも以前から代々伝承してきた領地をその地に有する領主だったことが多く、戦国時代にもそれらの所領が根本的な財源となっていた一族が多かった。しかし織田氏はもともと、尾張国の出身ではなかった上に、信長の家系はさらにその傍流であるがゆえに、いかにして尾張国内で財源となる所領を形成していったかはよくわからない。推測になるが、戦国時代になると守護斯波氏は尾張国で影響力をほぼ失ったため、室町時代に斯波氏が形成した所領を織田氏が一門で分割して継承し統治したのではないかと考えられている。また、織田信秀・信長父子が国内で敵対勢力を討滅する過程で、彼らの所領を自己のものとしていったのだろう。

織田氏とは直接関わるものではないが、天文七（一五三八）年の尾張国内での土地売買の証文（売券《ばいけん》）から、尾張国内の税制をみてみたい。この証文は田一段を四貫文で売却したことを証明するものだが、その田には「公方の年貢」一〇〇文と、段銭等の諸役三〇文の合計一三〇文が毎年賦課されており、それを「おや地《じ》の方」へ納入することとされていた（『愛知県史』一〇—一三三〇）。「おやじ」は主人の意味と考えられるので、その土地の領主を指すのだろう。もし織田氏による賦課もこれと同様に行われていたとすれば、年貢は田一段当たり一〇〇文程度、段銭はその三割程度が課せられていたと考えられる。北条氏の事例と比較すると税負担はやや重くなるが、これは単に尾張国では税負担が過重だったというよりも、尾張国と関東との環境要因による作柄の違いが影響しているのかもしれない。

織田信秀は、木曾川に面して水陸交通の要衝となっていた津島《つしま》（愛知県津島市）を押さえ、そこでの商業課税を元手にして勢力を拡大していったとされている。後に信長が都市の直轄化にこだわったことにも関わる話だが、年貢による収入を期待できるほどの所領を持たなかったため、商業課税に注目するようになったのかもしれない。

商業課税への注目

織田信秀と商業との関わりを示す史料に次のものがある。天文八（一五三九）年、尾張国熱田《あつた》（愛知県名古屋市）の加藤延隆《かとうのぶたか》に対し、守護代織田達勝《たつかつ》の意を受けた形で、諸役免除などの商売上の特権を認めた文書を発給したものである（『愛知県史』一〇―一三三七）。加藤延隆は、領主でありつつ商業活動も行っていた人物で、信秀の御用商人だったともされている。信秀は、このような特権付与に対する礼銭はもちろん、特権を与えた商人の商売活動にともなう種々の上納（賄賂）がその後ももたらされることを期待したのだろう。つまり、流通拠点や門前町などの都市を支配することによって、そこで活動する商人に特権を付与する権限を独占することとなり、特権付与の対価として得られる上納を重要な財源としていたのだ。

実際、かなり潤ったとみられ、信秀は伊勢神宮の遷宮《せんぐう》用途を寄進したり、天文一二（一五四三）年には禁裏修造のためとして銭一〇万疋（一〇〇〇貫文）もの大金を朝廷へ献上したりしている（『御湯殿上日記』同年四月三〇日条）。このような父信秀の活動を、信長は見ていたに違いない。

とはいえ、町場支配はおいしい話ばかりではなかった。天文九（一五四〇）年には、津島の鎮守津島社の神主が借銭の返済に窮して逃亡するという一件があった。神事が滞ることを懸念した織田信秀は、神主を復帰させるために、貸主に対して担保の質流れを保留するよう協力を求めた（『愛知県史』一〇―一三九三～一三九五）。このほかにも商業地域では取引をめぐるトラブルは絶えなかったが、その処理も領主の責務となっていた。都市支配も楽ではなかったようである。想像するしかないが、後に安土《あづち》で城下町を建設することになる信長は、幼心にその様子を学んでいたかもしれない。

織田信秀の所領支配については、今川義元と三河《みかわ》国で激しく争った天文一八（一五四九）年一一月になって、ようやくその片鱗がうかがえるようになる。この年、家臣の祖父《そぶ》江《え》秀重《ひでしげ》を尾張国中島郡内の八ヵ所の地の代官に任じた。その際、これらの地の給人（所領を与えられる家臣）については、後に別途定めるとされている（『愛知県史』一〇―一七一三）。つまりこの時点では、信秀の直轄支配地だったことになる（結局給人には与えられず、引き続き直轄地として信長に継承された）。この直轄地を管轄した代官祖父江秀重は、後に信長から「俵子船」一艘（物資輸送船か）にかかる諸役を免除されている（『愛知県史』一〇―一九五二）。熱田の加藤延隆と同様に、彼もまた商業活動に長けた人物であったようである。信秀は、商業的センスのある人物に直轄地の経営を委託する政策を採っていたことがうかがえる。

一方、同じ月に織田信長は熱田の八ヵ村に対して制札《せいさつ》を出し、これらの村に熱田社造営のための人足（労働力）を負担させる代わりに、尾張国内に一律に賦課されていた棟別銭を免除した（『愛知県史』一〇―一七一四。これが信長が発給した現存最古の文書である）。

これらの点を勘案すれば、織田信秀・信長はいくつかの直轄地を抱えて代官を設置する形で統治し、そこから年貢を徴収していたと考えられる。そしてそれとは別に、他の大名と同じく段銭や棟別銭などを領内一律に賦課していたのであろう（熱田は都市のため、棟別銭だけが賦課されていたと考えられる）。

すでに触れたように、段銭や棟別銭は守護でなければ徴収の権限を持たない。織田信秀・信長らにそれが可能だったのは、先に見た加藤氏への特権付与にあるように、守護代の代官を標榜していたからだろう。つまり、守護代やその背後にある守護斯波氏の権威を自らの利権の源泉として利用していたことになる。

「一職」支配＝利権の一元化

桶狭間で勝利した織田信長が小牧城《こまき》（愛知県小牧市）へ本拠を移した永禄六（一五六三）年には、「国中闕所《くにじゅうけっしょ》」を命じた（『愛知県史』一一—三〇八）。これは、荘園など中世を通じて構築されたさまざまな利権を、すべて白紙にする政策であったと考えられている。すなわち新たに支配地に加わった土地のすべての権利関係を白紙化して、信長のもとに権利を一元化し、直轄地としたり、新たに家臣に再配分するなどしたのである。このような中世的な土地権利関係の否定は、中世の土地制度の根幹である荘園制の解体といってよい。このことから、信長が中世を否定する権力者としての評価を与えられることになったわけだが、その是非はともかく、以上のような土地関係の再整理が飛躍期の信長の財政を支えることになったことは間違いない。

時期は下るが、元亀三（一五七二）年一一月に段銭を徴収した事例を確認できる。かつて祖父江秀重を代官に任じた直轄地の一つである尾張国中島郡西御堂方《にしみどう》（愛知県一宮市）の分として、織田信長は段銭一〇貫文分を金五両で請け取っている（『愛知県史』一一―八三二）。この地はすでに祖父江氏の「持分」となっており、直轄領ではなく祖父江氏に給地として与えられていた。つまりこの地の百姓は、年貢は祖父江氏に、段銭は信長へ納入していたことになる。西御堂の貫高は五〇貫文だったことがわかっており、年貢の納入額は貫高からの控除分があっただろうことを踏まえると、段銭は年貢の二割を超える額であったと思われる。先の信秀時代の事例に見たように、やはり織田氏が賦課した段銭はやや高率で推移していたと見られる。少々強引な見立てだが、このような比較的重い税負担が織田氏の覇権を支えていたのかもしれない。

さて、先に見た「国中闕所」による土地利権の接収は、その後、信長権力を支える重要な政策となった。それを象徴する言葉が「一職《いつしき》」である。足利義昭《よしあき》追放後の天正元（一五七三）年七月、長岡藤孝《ながおかふじたか》（細川幽斎《ゆうさい》）に対して信長は、山城国の桂《かつら》川以西に当たる「西岡《にしのおか》」地域（京都府長岡京市・向日市など）を「一職」に支配することを認めた（『増訂織田信長文書の研究』三七五）。この「一職」は、地域内の統治一切を委ねるもので、この権限により長岡藤孝は、領内に生じた闕所地《けつしょち》（敵対勢力の旧所領など）を接収し、自らの家臣に配分することを許された。このように、支配圏を拡大させ闕所地を接収していったことが、信長の強大な権力の源泉になっていた。信長はしばしば旧来の秩序を破壊する「革新者」として語られるが、彼の財源は基本的に旧来の勢力から利権を奪取することによって成り立っていた。それゆえ旧秩序の破壊は必然だったといえるだろう。

この「一職」付与は、天正元年に朝倉《あさくら》氏と浅井《あざい》氏を滅ぼした後の戦後処理でも行われた。同年八月に近江国の浅井氏を滅ぼした後、その旧領は羽柴秀吉の「一職進退」とした(『信長公記』)。これによって秀吉が同国長浜《ながはま》(滋賀県長浜市)で本拠を構えたことはよく知られている。朝倉氏の領国であった越前国は滅亡後に発生した一向一揆により平定に時間を要したが、天正三(一五七五)年にはそれも鎮圧した。かくして柴田勝家《しばたかついえ》に越前国を「預け置く」ことが命じられた(『信長公記』)。この「預け置く」は、「一職」とほぼ同義である。

とはいえ、信長ですら介入できないほどの独立的な統治権や所領配分の権限が彼らに与えられていたわけではなかった。実際には、「一職」を付与した地域でも、信長は独自に自らの直轄地を設定したり、信長直属の家臣などへ新たな所領(知行)を直接与えており、「一職」を与えられた家臣には、その執行が義務付けられていた。

じつのところ、「一職」の家臣たちは、あくまでも織田領国中の行政を任されていたにすぎず、領国全体に君臨する信長からの完全委任を受けている、自律的な「大名」ではなかった。すなわち彼らは自由な政治行動を行うことまで認められていたわけではなかった。足利義昭追放によって信長は室町幕府の統治機構をそのまま吸収した。「一職」が付与された家臣とは、そのそれぞれの地域において、幕府における守護のような役割を有していた、そう捉えるとわかりやすいだろう。

その点においても、信長の権力はまったくの白紙から構想された革新的なものというよりも、旧来の統治機構を吸収し、それを改良しながら運用するスタイルであった、そう考えたほうがよいだろう。そしてそれは、現実的な対応であったと、むしろ積極的に評価するべきだろう。旧来の制度をいっさい破壊するような社会変革の強行は、社会全体を崩壊させるリスクが大である。むしろ信長の成功は、秩序の一切の破壊ではなく、社会情勢に合わせた現実的な改良のほうにあった、そう考えたほうがよいだろう。

第三章　戦国大名の平時の支出

戦国大名とは、組織としては端的に軍事組織であり、戦争を遂行し勝利することを最優先としていた。しかし、戦争を遂行するだけの組織であったわけでもなかった。略奪を繰り返す野盗のような粗暴な集団ともまったく異なる。戦国大名は、その支配地、すなわち領国の「経営」を行う組織でもあったのだ。それゆえ平時には領国民の生計を維持する活動を求められた。税を受け取ることができることにも、その対価としての側面があった。

領国経営の代表的なものにインフラの整備と維持管理がある。耕作地を拡大するための開墾、耕作に必須な水利（溜め池や用水路）の整備、災害に備えた治水、そして災害で被害を受けた場合の復興作業などが挙げられる。

領国経営は、生産活動に関する事柄だけではなかった。さまざまな物資を運ぶための道路の維持管理は軍事面においても重要であったし、領国経済の中心となる城下町の整備も欠かせなかった。中世の流通は海や川の水運が主であったので、水運の拠点を抱える大名はその維持管理も行った。

また大名には、別の支出もあった。自らの権力基盤を安定させたり、ライバルに先んじたりするために、朝廷や幕府と円満な関係を維持することである。そのために欠かせなかったのが献金、有り体に言えば賄賂である。この支出も無視できなかった。その様子にも触れてみたい。

1　道路や港湾の維持管理

関銭と津料

いつの時代でも、道路は経済活動には欠かせない。道路は定期的な維持管理がなされなければ機能を維持できないし、ひとたび災害が発生した場合には、復旧工事も必要になる。また、戦争となれば兵や物資の輸送に欠かせない。道路は戦国大名の存立に関わるものであったのだ。

とはいえ、領国内の道路を大名自身が一元的に管理するのはむずかしい。実際には、領内の村々に近傍の道路の維持管理を委託する方式が採られていた。しかし無償で強制すればサボタージュに遭い十分な維持作業が行われなくなるので、通行税の形で通行人から対価を徴収する権利が村々には与えられていた。あるいは、領内の寺社に通行税の徴収権を与えて管理を委ねる場合もあった。通行税を徴収する場所には関所を構えたため、通行税を関銭と呼ぶ。

実際の関銭はどれくらいの額だったのだろうか。少し古い例になるが、明応三（一四九四）年に、越後国守護、上杉房定《ふささだ》（後に上杉謙信が出た長尾氏はその守護代）が関銭の徴収規定を定めている。それによると、人は一人当たり三文、鉄は荷駄一つで二〇文、米は荷駄一つで一〇文であった（『中世法制史料集』第五巻二一四）。よほどの荷物を持っていなければ、現代の価値で人と荷駄を合わせて数千円くらいだろう。個別の金額は微々たるものだが、塵《ちり》も積もれば山となったはずである。

しかし、この関銭はかえって流通を阻害する場合があった。領内に多くの商人を呼び寄せたいと考える戦国大名には、これを「改革」して関所を撤廃するインセンティブが働いた。商人の取り合いになっていた近隣のライバル大名を出し抜くこともその目的にはあっただろう。しかしライバルも当然、対抗措置を講じて関所を撤廃していったので、関所は各地で撤廃されることになった。たとえば、織田信長が率先して関銭を免除したことはよく知られている。

ただし、関所を撤廃すると道路の維持管理に対する報酬を村々から取り上げることになるので、その見返りを提供する必要があった。史料上は明確でないが、年貢などの減免措置が採られたと考えられている。もっとも、領内の人々にとっても関所が撤廃されることで流通コストも下がって物資を容易に入手できるようになっただろうし、自らが移動する際に関銭を取られることもなくなるので、彼ら自身にも間接的な形での見返りは十分にあったろう。

海に囲まれた日本列島では、陸運よりもむしろ水運が発達した。特に西日本では瀬戸内海が水運の大動脈として機能していた。大名にとっては、水運の拠点を押さえることも極めて重要だった。具体的には船舶が寄港する港湾が重要で、多くの商船が往来するとともに、荷揚げや倉庫管理などを担う業者（問丸《といまる》）が活動していた。流通拠点の港湾は戦国時代以前から利権の対象となっており、その使用料（津料）を寄港する船頭らから徴収した。戦国時代にも、大名は港湾の管理の見返りとして領内の寺社に津料の徴収権を認めることがあった。なお港湾は道路ほど競争が激化しなかったようで、関銭とは異なり津料が全面的に免除されることはまれだった。

2　土地開発・築城・治水

城下町の建設

今も昔も、土地の開発は重要な経済政策である。戦国大名も同様で、未開拓地の開発や荒れ地の再開発を行った。農地のほかに開発としては城下町の建設も挙げられるが、城下町については後に織田信長の安土城築城に触れることにして、ここでは北条氏の事例を取り上げよう。

武田氏滅亡後の天正一〇（一五八二）年一二月、当主北条氏政の弟、北条氏照《うじてる》は、武田氏旧臣の宮谷衆《みやたにしゆう》と呼ばれる人々を自らの領内である武蔵国立川《たちかわ》（東京都立川市）に移住させるため、この地の開発を命じている。この地は「荒地」だったが、開発した者はその地を自らのものにできることをその条件としていた。また、宿《しゆく》（宿場）を立てさせ、そこでの諸税を免除するともしている（『戦国遺文後北条氏編』二四五八）。このように戦国大名はインセンティブを与えて領内へ新たな移住者を呼び込み、未開発地を開発させたり、免税特権を与えて宿場などの商業地を新たに開発させようとしていた。

宿場が大規模化したものが、城下町である。一六世紀（特に後半）の日本は人口の増加局面にあったと推計されていることから、各地で新たな住人を呼び込んだ開発が活発化したと考えられている。上記の事例は、その典型例の一つということになるだろう。ライバルひしめく戦国大名にあっては、いかに魅力的な条件で新たな住民を獲得するか、その誘致合戦が熾烈《しれつ》になっていたようだ。

大名にとって最も重要な施設は城と言ってよいだろう。もっとも、時代や地域事情などによって城の規模はさまざまで、築城（普請）や維持にかかる経費にも差があった。また、新規に築城する場合もあれば、いったん廃城になった城を改めて整備して再利用する例もあるなどその事情もさまざまであった。ここでは、既存の城を改築する事例として、長浜城と江戸《えど》城の事例を取り上げて、その経費を見積もってみたい。なお、朝倉氏の一乗谷《いちじょうだに》（福井県福井市）に代表されるように、戦国大名は自らの領国の首都として城下町を建設したことが知られるが、町割り（区画整理）は大名側が行い、住居は当然ながら各居住者が自ら建設し、大名がその費用を支出することはなかった。町割りの際に土木工事が必要な場合には、大名が労働者を動員して作業を行わせることもあったと考えられるが、残念ながらその具体像を示す史料が残されていないため、実態はよくわからない。

築城に際しての作業員は普請役と呼ばれ、基本的に家臣や百姓らが無償奉仕することになっていたが、雇用形態を取って賃金を支払う場合もあった。天正二（一五七四）年六月、羽柴秀吉が浅井氏滅亡後に与えられた近江国今浜《いまはま》（のち長浜に改称）で城を普請した際、作業員に対して各自で道具（鋤《すき》・鍬《くわ》・もっこなど）を持参するよう義務づけた（『豊臣秀吉文書集』八八〜九〇）。この時は「一日之やとい」とあるように賃金が支払われたようだが、築城にかかる道具などは大名が事前にすべて準備するものではなかった。

雇用の賃金はどれほどだったのだろうか。先に見たように、一六世紀初頭の大内氏領国では、税を徴収するための巡回使節に対して、日当として一日五〇文か米五升のどちらかが支払われていた（「大内氏掟書」一六〇～一六三条）。ただしこれは安い方で、その理由は、これは日雇いというより、手当であったからだろう。中世では、一般的に日雇いへの賃金は一日当たり一〇〇文が相場だったと考えられている。これに従って、一人当たり一日一〇〇文と見積もっておきたい。ただし一五七〇年代には、後にも触れるように銭の価値がかなり変動していたので、実際には米のほか、金・銀で支払われる場合も多かった。

では、どれくらいの人数が動員されたのだろうか。永禄八（一五六五）年八月、北条氏は武蔵国江戸城（東京都千代田区）の普請を行うための定書（規約）を発給している（『中世法制史料集』第五巻六〇三）。この前年、北条氏は房総半島に勢力を拡大していた里見氏との間の下総国国府台での決戦で勝利し、武蔵国の基盤を固めることに成功していた。それをインフラ面で決定づけるものとして、江戸城の普請は北条氏にとって重要なイベントであった。

定書によると、江戸城の普請には一日当たり四八〇人余での一〇〇日間の作業が予定され、延べ人数を四八二〇〇人としている。無断欠勤や作業をサボることを厳しくチェックするようにも定められているところからすると、作業員にはなかなか大変な環境だったようである。一人当たり一日一〇〇文とすると、この普請の人件費は四八二貫文となる。先にも触れた通り、大名がこの銭を支給したわけではなかったが、コストとしてはこの程度に見積もられるだろう。現代の価値にすると、三〇〇〇万円前後といったところか。なお、戦国時代の城の普請は、一六世紀半ばまでは土塁を築くなどの土木工事と木材で組んだ櫓《やぐら》などの防御施設の整備が中心だったので、江戸城の普請も基本的には土木工事が中心であったと思われる。

安土城の建設費は？

しかし一六世紀後半になると、周知の通り石垣や天守を備えた大規模な城が築かれるようになっていった。その代表例はなんといっても安土城（滋賀県近江八幡市）だろう。『信長公記』には安土城築城の具体的な内容が記されているので、これに拠ってその経費を見積もってみよう。

天正四（一五七六）年正月、織田信長が家臣の丹羽《にわ》長秀《ながひで》に命じて、安土城の築城が始められた。褒美《ほうび》として長秀には名物の茶碗を与えたという。信長が名品の茶道具を褒美としてしばしば家臣に与えていたことは有名だが、これも経費に加えれば、相当な金額に上っただろう。このほか、築城の功労者に御服・金銀・唐物《からもの》（中国からの舶来品）が数多く与えられたという。具体的な金額を見積もることはむずかしいが、総額にして銭数百貫文は下らないのではないか。現代の価値では億単位と見積もられる。

安土城普請で重要なのは、石垣を組むことであった。石は、安土周辺の山々から少なくとも三〇〇〇もが運び込まれた。運搬する人員として一万人余りが動員されたといい、三日かけて石垣が組まれた。ここでも一日一人一〇〇文の労賃だったとすると、延べで約三万人の経費は三〇〇貫文となる。石垣の人件費だけで少なくとも現代の価値にして二〇〇〇万円程度かかったことになる。

安土城普請のハイライトは、なんといっても絢爛豪華《けんらんごうか》な天守である。内装は当代きっての名工や絵師によって担われたが、そのほか京都・奈良・堺の大工や職人らが招集され、唐人の瓦焼職人によって唐様《からよう》（中国風）の瓦が焼かれた。

安土城天守の柱には、合計四七九本が用いられた。その長さは、八間（約一四・四メートル）、直径は一尺五寸（約四五センチメートル）のものが多かった。残念ながら産地は明確ではないが、近江周辺の信長の領国内から運ばれたのだろうと推測されている。当時の材木の価格は長さで決められていたようで、松の場合は一間一〇〇文だった（『教王護国寺文書』二七三八）。これを参考にすれば、八間の材木は一本八〇〇文、四七九本で三八三貫二〇〇文となる。現代にして二五〇〇万円ほどと見積もられる。すべて購入する場合には、少なくともこれくらいかかったことになる。杉だったとすると、もう少し高かった可能性がある。

先に触れた瓦職人や、設計や建築の指揮を執る大工などのような技術者は無償で招集するわけにはいかないから、日雇いの形式で報酬が支払われていたと考えられる。金額は作業の内容や熟練度にもよるが、京都の大工に対して一日当たり金一両が支払われた例がある（『兼見卿記』元亀四［一五七三］年五月三日条）。当時の金一両はおよそ銭二貫文程度だった（現在の価値では一二万～一四万円。織田信長の撰銭令では金一両＝銭一貫五〇〇文［現在の価値では一〇万円前後］としているが、これは実勢相場に比べると金が安い）。安土城の築城には少なくとも一年近くを要しているので、数十人レベルの技術者を長期間雇い入れるならば、それなりのコストがかかっただろう。仮に五〇人の技術者を一年間（三六〇日）雇用した場合、一人一日二貫文ならその総額は三万六〇〇〇貫文となる。これは当時でも相当な高額になるが、現代の価値にすると二三億四〇〇〇万円相当となる。もちろん休日もあっただろうから実際はこれほどはかからなかったかもしれないが、それでも今ならビルが一棟建つほどの人件費がかかったとみてよいだろう。

末端の労働者は基本的に無報酬だったが、さすがに食糧は支給されていたとみられる。戦時には一人一日で六合程度の食糧が支給されていたので、それを築城にも当てはめると、一万人の場合、一日だけで六〇石の米が必要だったことになる。米一石は平均しておよそ銭五〇〇文程度だったので、一日当たり三〇貫文程度のコストだったことになる

（現在の価値でおよそ二〇〇万円程度）。築城全体に携わった労働者の延べ人数を割り出すことはむずかしいが、仮に一日平均一万人で三六〇日とすると、二万一六〇〇石（銭にして一万八〇〇〇貫文）になる。現代の価値にすると六億〜七億円程度である。当時、信長が手にしていた年貢米の総量を割り出すことはむずかしいが、そのうちの少なくない比率を占めていたとみてよいだろう。これらを集計すると、安土城築城には少なくとも現代の価値にして三〇億円以上はかかっている。豪華絢爛な内装にも惜しみなく費用を注ぎ込んだであろうから、総経費は一〇〇億円近くに達した可能性もある。現代の一パーセントにも到底満たない当時の日本の経済規模からすれば、破格の大工事であったことは間違いない。

信玄の治水工事

戦国大名が行った築城以外のインフラ工事の代表例として、治水工事を思い浮かべる読者も多いだろう。なかでも、富士川上流の釜無《かまなし》川と御勅使《みだい》川の合流点に武田信玄が築いた「信玄堤《しんげんづつみ》」（山梨県甲斐市）は有名だ。当時「竜王川除《りゅうおうのかわのけ》」と呼ばれたこの堤防については同時代史料がいくつかある。永禄三（一五六〇）年八月、武田信玄は竜王川除に家を建てて居住する者に対して、棟別銭を一切免除するという通知を出している（『戦国遺文武田氏編』七〇二）。優遇措置を与えて堤防の上に人を住まわせ、堤を突き固めようとしたのである。

広い意味では、これも大名にとっては収入だが、棟別銭は一軒あたり年一〇〇文程度で、収入として大きいものではなかったろう。また永禄六（一五六三）年七月には、釜無川の流域住民を動員して修築を行わせている（『戦国遺文武田氏編』八二七・八二八）。

武田氏によるほかの事例もみてみよう。永禄一二（一五六九）年六月、信玄は信濃国小《お》河《がわ》郷（長野県喬木村）と牛牧南郷《うしまきみなみ》（長野県高森町）の住民に対して、「水損」があったので、「川除」の普請をするよう命じている（『戦国遺文武田氏編』一四二二）。築堤の普請をせよということだろう。両郷は天竜川《てんりゅう》を挟んで対岸に位置しているので、天竜川の氾濫《はんらん》で決壊した堤防の修築を命じたものであることがわかる。再び長浜時代の秀吉の事例だが、天正二（一五七四）年三月、領内の堤は流域の百姓がその普請に務めるよう命じている（『豊臣秀吉文書集』八三）。

治水工事は受益者負担が原則だったようで、基本的に大名が別個に経費を支出することはなかった。ただし、災害被害を受けた地域には年貢を減免するなどの措置が採られることが多く、それが大名によるインフラのコスト負担の代わりになっていたと考えることができるだろう。

3　朝廷・幕府への献金――ワイロ社会を生き抜くために

伊達氏の大盤振る舞い

大名の支出には中世に特有のものもあった。他の権力者たちへの贈答、つまり賄賂である。

賄賂は現代社会では忌み嫌われ、しばしば、手を染めた者は最大限の非難を浴びる。しかし、中世ではそのような罪の意識はまったく無いどころか、賄賂を贈ることのできるだけの財力を有することは美徳とすら見られていたような節がある。権力者たちは自らに有利な裁定を引き出すために、何のためらいもなく、朝廷や幕府の意思決定権者やその実務を担う官僚たちに惜しみなく賄賂をばらまいた。否、むしろ、そうでもしないと権力闘争を勝ち抜けない社会だった。戦国時代は朝廷も幕府も弱体化していたとはいえ、官位や守護職任免の実権は握っており、それによって自らの権威を荘厳《しょうごん》しようとする大名は少なくなかった。

一例として、陸奥国の伊達氏からの幕府関係者への贈答を取り上げる。伊達氏は一五世紀後半から一六世紀前半にかけて巨額の献金をしたことで知られているが、その甲斐もあってか幕府から陸奥国守護職を獲得した。その様子が史料から具体的にわかることも貴重である。その様子を追ってみよう。

応仁の乱が一応の沈静化をみたものの、まだその余燼《よじん》くすぶる文明一五（一四八三）年一〇月、当時の当主、伊達成宗《しげむね》が被官衆を引き連れて上洛した。独眼竜《どくがんりゅう》として知られる伊達政宗から五代遡る人物である。

当時の伊達氏は、陸奥国伊達郡（福島県伊達市など）と出羽国長井荘《ながい》（山形県米沢市など）を中心とする領域を勢力圏としていた。大きな勢力ではなかったが、幕府にとっては無視することのできない存在であった。幕府は長い間、東国を統治する鎌倉府と敵対関係にあったが、伊達氏は一貫して幕府との友好的関係を維持する東国では数少ない領主だったからである。幕府と鎌倉府とが全面対決に至った戦争（永享《えいきょう》の乱）でも伊達氏は親幕府方を貫いた。伊達成宗が上洛した目的は、幕府の中枢メンバーに直接面会して友好関係を強化し、彼らを後ろ盾にして所領支配をより安定化させることにあった。

伊達成宗の京都での動向を具体的に追ってみよう（『伊達家文書』四七）。文明一五年一〇月一〇日に京都へ到着した伊達成宗一行は、翌一一日に、まず管領細川氏一門の典厩《てんきゅう》家当主である細川政国《まさくに》に面会した。その後、成宗にとって最大の目的である「東山殿」足利義政にも面会した。義政はすでに将軍職を実子義尚に譲っていたが、依然として足利将軍家の家長として京都政界に君臨していた。

義政との面会を果たした成宗は、次いで将軍義尚、幕府の事務方トップである政所執事伊勢貞宗《さだむね》の嫡子貞陸《さだみち》に面会している。さらに義政正室の日野富子、当時の幕閣では若手のホープだった管領細川政元《まさもと》、応仁の乱では西軍の主力として鳴らした有力守護の一色義直《いっしきよしなお》と、可能な限り多くの幕府中枢メンバーとの面会を果たした。そして成宗は、目を見張るような豪奢な品々を彼らに惜しみなく献じていった。

ワイロは当然

伊達成宗の上洛は、実はこの時が二度目だった。最初の上洛は寛正三（一四六二）年一〇月で、当時は将軍であった義政に謁見《えっけん》し、「三万疋」を献上している（『蔭凉軒日録』寛正三年同月一七日条）。銭三万疋（三〇〇貫文）という贈答額は、当時の水準からしてもかなり破格である。現代の価値では二〇〇〇万円程度に相当する。

先に触れたように、伊達氏が巨額の贈答を行って幕府と緊密な関係を結んだ目的は、その威を借り、領主としての正統性を周辺地域に誇示することにあった。伊達氏が幕府との緊密さを誇示した事例は、ほかにも挙げられる。たとえば、伊達氏の当主は代々将軍から一字を賜《たまわ》り、それを自らの名前に付けていた（偏諱《へんき》を賜《たま》うという）。伊達成宗の場合は、将軍足利義成《よししげ》（後の義政）から「成」の字を拝領して名乗った。

伊達氏と幕府との緊密さを示すものとして、後の事例だが、大永二（一五二二）年に将軍足利義晴から伊達稙宗が陸奥国守護に任じられたこともあげられる。陸奥国に元来、守護は置かれていなかった。だが、当地での主導権争いを繰り広げていた足利一門の大崎《おおさき》氏に対して伊達氏が優勢となった状況で、陸奥国支配の正当性を意味する守護職を幕府から獲得したのであった。長年にわたって構築した幕府との緊密な関係が功を奏したということであろう。

一六世紀後半には、伊達氏の重臣と思われる桑折《こおり》播磨守（宗長《むねなが》か）が将軍足利義輝《よしてる》から守護の格を象徴する毛氈鞍覆《もうせんくらおおい》・白傘袋の使用を許され、その礼として黄金一〇両などを贈ったこともあった（『伊達家文書』二一七）。

遠路はるばる当主自ら赴き、京都の権力者たちに豪奢な品物をためらいもなく配って回るというこの行為は、現代人であれば逆効果ではないかと眉をひそめるものである。しかし当時の人々の認識では、まったく恥ずべき行為などではなく、それどころか、見返りを最も期待できる行動であった。日本の中世社会は贈答儀礼がきわめて盛んな時代であり、有力者同士の交流に贈答は欠かせなかった。しかも、現代人から見れば賄賂として嫌悪すべき行為ともいえるお金（貨幣）の贈答ですら、日常的な儀礼の繰り返しの背後に潜む政治的思惑（贈る側が持つ、いざという時に何らかの有利な政治的決定を引き出せないかという期待）を籠めながら、権力者の間ではごくごく一般に行われていた。

バラまいた総額五億円

さて、文明一五年の伊達成宗二度目の上洛に戻ろう。一〇月一〇日に上洛した成宗一行は、翌一一月半ば頃まで京都に滞在したようで、その間、幕府や寺社の関係者など多くの人々と会い贈答を繰り返した。成宗が贈った品々はつぶさに記録されているので、少し事例を見てみよう。一〇月一一日に面会した人々へ贈った品々は、次の通りである。

足利義政へは、太刀一振（銘国綱《くにつな》）・砂金一〇〇両・馬二〇疋（鴾毛《つきげ》一〇疋・栗毛一〇疋）、足利義尚へは、太刀一振（銘景光《かげみつ》）・砂金一〇〇両・馬二〇疋（毛は色々）、日野富子へは、銭一万疋（一〇〇貫文）、細川政元へは、太刀一振（銘国綱）・砂金五〇両・馬一〇疋（毛は色々）、細川政国へは、太刀一振（銘安則《やすのり》）・砂金五〇両・馬五疋、政所執事の伊勢貞宗へは、太刀一振・砂金二〇両・馬三疋、など。さらに多数の贈答事例があり、きりが無い。すべての贈答品を集計した小林清治氏によると、太刀二九振・馬九五疋・砂金三八〇両・銭六万疋（六〇〇貫文）という。

京都へ持参した砂金三八〇両はどれほどの量だったのだろうか。当時の京都では金一両＝五匁だったとする記録がある（「大内氏掟書」第六〇条）。当時の一匁は約三・七五グラムであったから、一両は約一八・七五グラムとなる。よって、三八〇両は七一二五グラムに相当する。参考までに現在の金の価値で計算すると、二〇二〇年一月現在で金の価格は一グラムで六〇〇〇円ほどであることから、およそ四二七五万円に相当する。一方、先に見た一六世紀の相場に基づけば、金一両が現在の価格にして一二万～一四万円としたので、それに従えば現在では五〇〇〇万円程度となる。これくらいの価値と見積もっておいて間違いはなさそうである。

太刀は、刀工の銘があるほど美術的価値が高いものだったので、冒頭に触れたような「万疋」（一〇〇貫文）に近い価値を有しただろう。現在の価値にすれば六〇〇万～七〇〇〇万円にもなろうか。質の違いはあるとはいえ、二九振ともなれば、現代の価値で二億円近い。馬は一兵卒クラスであれば一疋（匹）一貫文程度（現在の数万円）だが、ここでも贈答品として最高クラスの馬が用意されたことだろう。価格を見積もることはむずかしいが、太刀に遜色ないほどだったとすれば、同じく数百万円ほどの価値があったかもしれない。それが九五疋となれば、やはり数億円の価値になっただろう。調達価格はもう少し安いと見込まれるが、この時の贈答に要した費用は、現在の価値にすればおよそ五億円は下回らなかっただろう。破格ぶりが伝わるだろうか。

同じ頃、出羽国大宝寺《だいほうじ》（山形県鶴岡市）の領主、武藤淳氏《むとうきようじ》がやはり上洛して足利義政に献上しているが、それは銭一万疋・馬一〇疋というから、成宗の贈答には幕府の面々も度肝を抜かれたに違いない。多くは海路を取ったと考えられるが、陸奥国から馬を九五疋も京都まで牽引したとなれば、その隊列たるやもはや軍勢の進行をうかがわせる規模であったことだろう。

特に目を惹くのが砂金である。中尊寺金色堂《ちゅうそんじこんじきどう》（岩手県平泉町）から連想されるように、古代以来、陸奥国の太平洋沿岸部は金の産地であった。中世になると文献史料がきわめて乏しく、産金の実態をつかむことはできないが、この贈答事例にも明らかなように、中世にも陸奥国では金の産出があったことは疑いない。

伊達氏が砂金を年貢として徴収していたかどうかははっきりとしないが、時代が下った天正一八（一五九〇）年、伊達政宗が、出羽国での金掘りの収益を得る権利を与える代わりに、毎年銭一〇貫文を納めるようにと家臣に命じている記録がある（『伊達家文書』四九四）。直接、金を年貢として取るほかにも、金の採掘権を与えて年貢を徴収する方式も採られていたことがわかる。家臣に採掘権を与えたのは、直轄経営によるコストを省くためであったと思われる。

商人を通じて金を買うケースもあった。成宗上洛の際、当時の本拠だった陸奥国梁川《やながわ》（福島県伊達市）で商人に銭を支払って金を購入した記録が残っている。上記のような大規模な贈答には伊達氏のストックだけでは足りなかったのだろう。その場合には、商品として市場で流通していた金をわざわざ買い集めることも行われていたのである。すでにみたような伊達氏の段銭・棟別銭での潤沢な収入が、それを可能にしたとみられる。

また贈答に使われた銭六〇〇貫文は、四〇〇〇万円前後に相当する。金と銭だけで、現在の価値に換算して一億円程度と相当な高額だったことがわかる。それに加えて多数の馬と太刀が用意されたこと、成宗一行の往復旅費、京都での滞在費用なども考えれば、相当な金額にのぼったと思われるが、先にみたような収入を考えれば、それも十分可能だったのだろう。やはり伊達氏の財力は侮りがたい。

後の永正一五（一五一八）年には、当主となった伊達稙宗上洛の下準備のために使者を京都へ派遣した際の経費報告書が残っている（『伊達家文書』八〇）。上洛した頤神軒存奭《いしんけんそんせき》という人物が京都の有力者たちと実務交渉を重ねたが、その相手の中には坂東屋という屋号を名乗る商業関係者とおぼしき人物もいた。存奭がどういう人物かははっきりとしないが、商人との人脈があり算用能力にも長《た》けていたことから、彼もまた、伊達氏に属しつつ商人として活動していた人物であった可能性が高いだろう。このように、戦国大名の下には、武士として所領を与えられて軍役を果たしつつ、経済に明るい商人として物資を調達する役割も担う者が多く存在していた。大名たちはそのような人々を取り込むことで、安定した領国経営を実現した。このような商人的な家臣は、ほかの大名も抱えていたことがわかっている。

ここでは伊達氏の事例のみを取り上げたが、戦国大名や比較的規模の小さな領主たちも、自らの所領支配を安定化すべく幕府との友好関係を利用することがあった。その費用の確保もまた、彼らが生き抜くための手段として必要とされていた。収入を増やすためには、所領を拡大するのが最も手っ取り早い。というわけで、戦国大名は周辺の領主を侵略する欲求に駆られることになった。生き残るために命を懸けた戦争をするという、彼らはまさに矛盾を内包した存在であった。その矛盾から解放されるには、一七世紀まで待つ必要があった。

第四章　戦国大名の鉱山開発

本章では、戦国時代に活発化した鉱山開発について詳しくみていきたい。日本での鉱山開発というと、意外に思われる読者も多いかもしれない。現代人の感覚からすると、日本は資源に乏しい国というイメージが強いからである。実際に、現代の日本では金属資源やエネルギー源となる化石燃料の生産は微々たるものである。しかし、歴史的にずっとそうだったわけではなかった。

戦国時代の頃の日本は、世界的にみても屈指の金属生産量を誇る、いわば資源大国だった。そして戦国時代の金属生産を推進したのが、財源を求めて激しく競争をしていた他ならぬ戦国大名たちだった。生産といえば農業に注目しがちだが、金属生産こそは当時の日本経済を成長させた重要な産業だったのであり、日本が生み出した金属は当時世界中で注目を浴び、それを求める商人たちが世界中から日本へ訪れるようになった。その様子を以下にみてみよう。

1　日本の金属資源と戦国時代

鉱山開発の時代

「黄金の国」日本。マルコ・ポーロの『東方見聞録』をルーツとするこの日本イメージは、確かに虚構ではない。日本列島で古代から金が産出していたことは事実であり、多くの読者の脳裏にもすぐさま中尊寺金色堂の威容が浮かんでくるであろう。平安時代には日宋貿易によって日本から金が中国へ輸出されたこともよく知られている。残存史料がきわめて乏しく実態はよくわからないが、中世にもその状況が続いていたことは、伊達氏による幕府への金贈与の事例に見た通りである。火山帯に位置する日本列島は災害につねに悩まされてきたが、一方ではそのおかげで比較的、金属資源には恵まれていたのである。

では、金以外の金属資源についてはどうだろうか。刀剣や日用品の材料にも用いられる鉄の生産は、中国地方を中心に中世において盛んだったと見られることが発掘成果によって明らかになっている。また、鎌倉時代には対馬《つしま》で銀が多少採掘されていたが、これは室町時代にほぼ途絶したようだ。

日本が特に恵まれていたのは、銅である。古代から産出が盛んで、平安時代（一一世紀頃）までは特に長門国の長登《ながのぼり》銅山（山口県美祢市）での産出が際立っていた。ところが、それ以後一四世紀まで、日本の銅生産はいったん途絶えてしまった。その原因は鉱脈が尽きたからではなく、平安時代の技術では銅生産が困難になったためである。一五世紀になって新たな精錬技術がもたらされると、再び日本での銅の産出が見られるようになった。にわかに産業が活性化したようで、日本の銅は中国（明）へも輸出されるようになった。当時の中国では銅不足に悩まされていたことから、生産が復活した日本銅への需要は高く、日明間の勘合貿易《かんごうぼうえき》によって盛んに日本から輸出されていった。この頃の中国で正規に鋳造された銭（明王朝が鋳造した銭のことで、一般に明銭《みんせん》と呼ばれる）は、日本から輸入された銅が原料だったという見解もある。一五世紀に再び盛んになった銅の生産は、古代に存在した長登銅山の再開発のみならず、長門国以外の中国地方（中でも但馬《たじま》・備中《びっちゅう》・備後《びんご》・美作の四ヵ国が盛んだったという）でも新たに開発されたことによるものだった（「戊子入明記」）。

戦国時代に入ると、日本列島各地で戦国大名の主導によってさらに鉱山開発が積極的に行われるようになっていった。各地の戦国大名は自らの財源を確保するために、鉱山開発を積極的に行うようになったのである。また金属資源は武具生産に必須の原料でもあるので、戦略物質として大名はその自給を渇望していた。一六世紀になると徐々に開発技術も向上したことで、新たな鉱山がいくつも発見され、さまざまな金属の生産が始まっていった。戦国時代は、日本における鉱山開発ブームの幕開けといってよいが、その具体的な様子について、いくつかの事例を取り上げて掘り下げてみよう。

2　今川氏の金山経営

財力のバックボーン

日本では、東北地方以外での金の産出はほとんど目立たなかったが、戦国時代に入るとその他の地域での開発が始まった。その早い例は、東海地方に覇を唱えた今川氏である。

先に伊勢宗瑞のところでも触れたように、今川氏は代々、駿河国守護として関東に睨みを利かせる足利一門の有力一族であった。その今川氏による鉱山開発がいつ始まったのか細かいところまではっきりしないが、一五世紀後半に戦乱期に入った段階では、開発に乗り出していたことが明らかにされている。たとえば、文明四（一四七二）年に将軍足利義政が当主の今川義忠《よしただ》（宗瑞の義兄）に対して駿河国安倍山《あべ》（静岡県静岡市）の領有を安堵した史料が残されている（『戦国遺文今川氏編』三八）。安倍山は、後に今川氏がさらに多くの金を採掘する主要鉱山となったところである。今川氏による鉱山開発の成功は、きっと彼らの財政に潤いをもたらしたであろう。

将軍一門だった今川氏にとっても、金は政治的な交渉を成功させる上で効果的だった。永正八（一五一一）年には、今川氏親が将軍足利義尹《よしただ》（義稙《よしたね》）に対し、年始の祝儀として太刀一腰とともに「黄金一〇両」を贈っている（『戦国遺文今川氏編』二五〇）。将軍へのこの贈答の背景には、当時の今川氏が幕府の有力者斯波氏と遠江《とおとうみ》国守護職をめぐって争っていたことがあった。両者の対立は将軍の地位をめぐる対立にも直結しており、斯波氏が支持する前将軍の足利義澄《よしずみ》に対し、今川氏親は義澄を追い落として将軍に返り咲いた足利義尹を支持する立場に回っていた。結果として、今川氏親は義尹から遠江国守護に任じられた。義尹への金の贈答はその謝礼だった。今川氏親は同時に幕府の有力官僚（奉行人）にも金を配っており、この点はじつに抜かりがない。

　今川氏親が贈った金一〇両は、伊達氏に比べれば見劣りするが、それでも将軍以下の幕閣には目を見張る献上品であっただろう。ちなみに、この金一〇両は、「大板《おおばん》、在判《ありはん》」と、その形状が注記されている（『戦国遺文今川氏編』二六〇）。すなわちこのとき贈答に用いられた金は一枚の大きな板状になっていたのだ。また「在判」は花押《かおう》が書かれていたことを示す言葉なので、金の片面には量目《りようめ》（重さ）を証明するための墨書《ぼくしよ》（花押）がされていたこともわかる。一六世紀末以降には、一〇両の額面で鍛造された金貨、すなわち「大《おお》判《ばん》」が発行されるようになったが、これもそれと同様の様式だった、すなわち一六世紀前半の段階には、すでに大判の原型が現れていたのである。

その後も今川氏親は、京都在住の昵懇《じっこん》の公家にしばしば金を贈っている。その一人に中御門宣胤《なかみかどのぶたね》という人物がいた。彼は娘を氏親に輿入《こしい》れさせているが、その娘はあの今川義元を産んだ寿桂尼《じゅけいに》である。宗祇《そうぎ》や宗長《そうちょう》などの当代きっての連歌師らがたびたび駿河へ下向するなど、西の大内氏と並んで、東の今川氏は当時の公家にとって格好のパトロンと目されていた。彼らが頼りにした今川氏の財力を支えたものの一つに、金があったのである。その後の今川氏の史料からは金についての記述は徐々に減っていくが、安倍山は江戸時代にも金山として採掘されているので、開発は続いていたと考えられる。

3　武田氏の金山経営

武田軍団を支える

金のイメージをまとう戦国大名としては、甲斐国を支配した武田晴信（信玄）も外せないだろう。甲斐国にはいくつも金山が所在し、多くの金を産出していた。甲斐で産出した金はさまざまな形に成形されて流通したが、中でも碁石のような形をした「碁石金《ごいしきん》」は、江戸時代にかけて主に東日本で流通し、多くの人々が記憶に留めるものとなった。

江戸時代になると、金貨は幕府が定型のコインに成形して流通させたが、その数え方は四進法を採用する特殊なものであった。つまり、一両＝四分＝一六朱《しゅ》という単位が用いられ、それぞれの単位に合わせた金貨が造られた。四進法ははじめ武田氏が採用し、武田氏滅亡後に甲斐国を支配した徳川家康がそれを継承したため、江戸時代にも受け継がれたと考えられており、筆者もそう信じていた。ところが、じつはそれが史実かとなるとかなり怪しいようだ。甲州金を研究する西脇康氏によると、武田氏が金の四進法を用いた事例自体が同時代史料では確認されていないという。また金の四進法自体は中国での使用例がすでにあったことから、実際には家康が中国の事例を知って採用したと考えたほうが良さそうだという。確かに、おおよその辺りが真相だろう。

甲斐国における金山開発は一五世紀後半から始まり、一七世紀初頭にかけて活発に採掘が行われた。甲斐の代表的な金山としては、黒川金山《くろかわ》（山梨県甲州市）や湯之奥《ゆのおく》金山（山梨県身延町）が挙げられる。黒川金山は、良質な金が比較的豊富に採れたとされている。文献史料からは武田氏との関わりはなかなか見出しづらいが、一六世紀前半の当主武田信虎《のぶとら》（晴信の父）の弟・勝沼信友《かつぬまのぶとも》の居館跡と目される勝沼氏館跡（山梨県甲州市）で鍛冶遺構が見つかっており、そこからは金粒が付着した土器がまとまって出土している。黒川金山で採掘された金が館へ運ばれたと考えられている。

わずかに残された関連文献から、武田氏もまた政治交渉に金を用いた様子がうかがえる。今川氏と同じように、武田氏からも京都の有力公家に金が渡っていたとおぼしき記録が残されているのである。永正三（一五〇六）年八月二一日に、三条西実隆《さんじようにしさねたか》が『源氏物語』の対価として、甲斐国の某所から金五枚を受け取ったと日記に記している（『実隆公記』同日条）。金五枚（五〇両に当たる）は、銭にすると一五〇〇疋、つまり一五貫文とほぼ同価値になったという。ただし、当時の金と銭との一般的なレートと比較すると、この時の交換比率は金がかなり安い水準になっている。金の質が低いのか、特殊な重さの単位が使われたのかもしれない。

いずれにせよ、この金が甲斐国で産出されたものであることは間違いない。なぜか「某所」とあるのみで相手先の詳細を伏せているが、三条西実隆は武田氏と何度も交流していたことから、金と交換して『源氏物語』を売り渡した相手は武田氏だったと考えられている。

肝腎の武田信玄と金との関わりだが、残念ながら同時代史料からはほとんど確認することができない。一般に流布している武田信玄による金に関するエピソードは、『甲陽軍《こうようぐん》鑑《かん》』に記された一節による。それによると、元亀元（一五七〇）年、武田氏は北条氏が支配する韮山《にらやま》城を攻撃した際、功を立てた河原村伝兵衛《かわらむらでんべえ》という人物に、碁石金を自ら手で掬《すく》って与えたという。今のところこれを虚構とする確実な証拠があるわけではない。しかし同時期に武田氏が碁石金を恩賞などで用いた事例はほかの史料で確認できない。『甲陽軍鑑』の史料としての信憑性が高くないことを踏まえると、上記の事例を事実としてそのまま信じるのは危うい。先に紹介した甲斐の金山に詳しい西脇康氏も示唆《しさ》するように、武田氏が碁石金を作っていたと考えることについては、慎重になったほうがよいだろう。

とはいえ、武田信玄が活躍した時代にも金が甲斐国で採掘され、それが武田氏の影響下で流通していたことは確かである。それが同氏の財政を一定程度、潤したことも否定できない。武田信玄の快進撃でよく知られているように、甲斐国という内陸のそれほど肥沃とはいえない地域にありながら、武田氏の軍事力は周辺諸勢力に比べて突出していた。それを支えた要素の一つに金の生産があったとみることは、無理な話ではないだろう。

まだ貨幣ではなかった

以上、日本における金の生産量の増加が一五世紀後半頃から一六世紀にかけて顕著となっていく様子を、いくつかの事例を取り上げてみてきた。しかし一六世紀前半までは、金は「お金」(貨幣)として流通していたわけではなかった。三条西実隆が『源氏物語』の対価として受け取った例があるとはいえ、この段階までは、いまだ金が貨幣として用いられることは一般的ではなかった。

その理由は、産出量が増えたとはいえ、社会に広く行き渡るほどの金がまだ流通していなかったこと、貿易の決済通貨は銀であり、海外での金の需要が低かったこと、当時の日本はむしろデフレ基調にあり、金のような高価値の金属を貨幣にする需要が小さかったことなどが挙げられる。また、貨幣として流通している銭の流通量がまだ十分な水準だったともいえる。

金が貨幣にはなっていなかったことには証言がある。イエズス会宣教師フランシスコ・ザビエルがインドのゴアに宛てた次の書翰を読んでみたい。

「日本にいる兄弟達に送らなければならない喜捨は金貨（ouro）だけでなければなりません。そして、この金貨は、ヴェネチア〔金貨〕乃至《ないし》良質の他の金貨のように、あなたが〔捜すことが〕できる最良質のものでなければなりません。なぜなら、日本では武器に細工を施し、また、これに鍍金をするために最も良質の金を欲しているからであって、日本ではそれ以外のことに利用されないからです」（『イエズス会日本書翰集』六二。一五五二年七月二二日〈天文二一年七月一日〉付シンガポール海峡発、フランシスコ・ザビエルの、ゴアにいるガスパール・バルザエウス宛書翰）

このように一五五〇年代までは、貴金属加工のための材料としての金に対する需要が中心だった。金細工職人は京都に集中していたであろうから、その需要に合わせて各地から京都へと金が集中する構図になっていた。金細工の最大の消費者も京都にあったが、それは当時困窮をきわめていた公家衆ではなく、なお羽振りを利かせていた大寺社であった。例えば洛北大徳寺《らくほくだいとくじ》の帳簿によると、各地から多くの金を実際に手に入れていたことがわかっている。

いずれにせよ、この段階では金は商品として流通し京都へ集中していたわけだが、徐々に京都で蓄積された金がベースとなり、そのストックが十分になると、いよいよ金が貨幣として普及する素地が整うことになる。それは一五六〇年代後半のこととみられるが、その様子については後に触れたい。

4 石見銀山のインパクト

世界市場へ参入するきっかけ

戦国大名の有力な収入源としての鉱山開発を見てきたが、日本が世界経済に衝撃を与えた鉱山は、一六世紀に開発が始まった。その鉱山とは、石見《いわみ》国東部の大森に所在した銀山

（島根県大田市、以後は石見銀山と呼ぶ）である。二〇〇七年にユネスコ世界文化遺産にも登録されたので、この銀山を知る読者も多いだろう。ここから産出された莫大な量の良質な銀が海外へ持ち出されることになったのは、銀がほかの金属とは異なる特殊な役割を与えられていたからだった。当時の世界経済において、事実上の貿易決済のための通貨になっていたのだ。そのため、石見の銀を制することは、貿易を通じて巨万の富が約束されることでもあった。ここでは、その開発と戦国大名の貿易との関わりについて触れることとしたい。

「時は一五二〇年代。その頃は大内義興《よしおき》が支配していた筑前国博多《はかた》に、神谷寿禎《かみやじゅてい》と言う者がいた。大永六年、彼は出雲《いずも》国へ向かうべく一艘の船に乗り、石見国の沖合を航行していた。すると、はるか南の山に輝く光が見えた。寿禎は船乗りに対してあの光は何だと尋ねた。すると、あの山は銀峰山という名前で、かつては銀を産出していたが、今は途絶えてしまった、との答えだった。そこで寿禎は、この銀峰山で採掘を行ってみたところ大量の銀を採取できたので、それを九州へ持ち帰った。その後は多くの船が石見国へ乗り付けて銀を買い求めるようになり、寿禎は巨万の富を得て大いに栄えた。この銀山へは諸国から多くの人々が集まり、その様子は「花の都」のようであった」（「銀山旧記」より、一部省略して現代語訳）

上記のエピソードを信用するなら石見銀山は大永六（一五二六）年に博多商人であった神谷寿禎が発見し、当地を支配していた戦国大名大内氏の管理下で大規模な開発が進められていったことになる。天文二（一五三三）年になると、慶寿《けいじゅ》という僧侶が朝鮮半島から伝わった灰吹法《はいふきほう》という製錬技術を伝えたことにより、良質な銀が大量に産出されるようになった。慶寿は、禅宗を日本に伝えたことで知られる栄西《えいさい》が建立した日本最初の禅宗寺院である博多の聖福寺《しょうふくじ》（福岡県福岡市）にある幻住庵《げんじゅうあん》という塔頭《たっちゅう》にゆかりの人物であった。幻住庵は朝鮮や琉球との交易に深く関わった塔頭と目されており、そのようなネットワークを介して灰吹法が日本へ伝わったと考えられている。

灰吹法は、当時の画期的な製錬技術であった。銀の含まれる鉱石に鉛などを混ぜて熱することで銀と鉛の合金を作り、それを灰に含ませると鉛だけが吸収されるため、銀を取り出すことができる。これによって純度が一〇〇パーセントに近い銀を生産することが可能となり、その品質の良さが大航海時代を主導していたポルトガルで評判となった。その結果、この銀を求める貿易商人が日本へ殺到するようになった。当時、銀山のあった地域は佐摩《さま》村と呼ばれていたことから、それが転訛《てんか》して当地の銀はポルトガル商人から「ソーマ（Soma）銀」と呼ばれていた。

先に引用した「銀山旧記」は、じつは一九世紀前半成立の記録である。そのため内容の正確さに不安はあるが、実際に一五三〇年代頃から日本で銀の取引を示す史料が見られるようになるので、引用した内容にはおおむね信を置けそうである。そうであれば、石見銀山で採掘された銀（石見銀）の恩恵を最初に受けたのは、博多であったはずである。その経済的ポテンシャルは、周辺の戦国大名には垂涎《すいぜん》の的となった。特に大内氏と大友氏とが博多をめぐって熾烈な争奪戦を繰り広げることになったが、大内氏が滅亡する一五五〇年代までは、大内氏がおおむね実効支配をしていた。すなわち、大内氏は銀を産出する石見と、銀を用いた貿易窓口をともに掌握していたのだ。このことで、西国の有力大名として君臨することが可能になっていたわけである。

怪しげな交易者たち

さて、当時の博多商人と石見銀との関わりを示す史料は限られているが、次にいくつかみてみよう。

一五三八（天文七）年、「小二（少弐《しように》）殿」の使者と称する人物が、銀三一五斤（約一八九キログラム）を携えて朝鮮国王のもとを訪れ、それを献上するとともに、それ以上の価値を有する回賜《かいし》（お返し）を求めた（『朝鮮中宗実録』三三年［一五三八］一〇月己巳［二九日］条）。これは朝鮮側の記録に残っている事例だが、大宰府周辺を細々と支配していた少弐氏が正式に派遣した使者ではなく、博多商人が偽って名乗ったものと考えられている。というのも、当時、朝鮮で民間交易は禁じられ、大名などによる公的な派遣でなければならなかったからだ。そのため、商人たちが朝鮮半島で交易を行うには権力者の使節を称する必要があったのである。

当時の少弐氏は大内氏との抗争に敗れて没落間近で、とうてい海外へ使節を派遣できるような状況にはなかった。だから商人たちは少弐氏を騙《かた》ってもバレないと考えたのだろう。この頃には日本から朝鮮へ、権力者の使節を自称する怪しげな者たちが頻繁に渡航していたが、それらの多くは博多の関係者だったとみられている。すなわち、この時期に朝鮮へ運んだ銀は博多商人のものであり、石見銀だったとみてよいだろう。むろんその背後には、商人から利益を吸い上げる大内氏が存在していた。

博多との関係がもっとはっきりしている事例もある。一五四二（天文一一）年、今度は「日本国王」の使節と名乗る安心という仏僧が銀八万両を携えて朝鮮国王を訪れた（『朝鮮中宗実録』三七年［一五四二］四月甲戌［二四日］条）。これも当然ながら、「日本国王」＝将軍が送った正式な使節ではない。この安心は、聖福寺出身で対馬に在住していた人物であったことがわかっている。このケースが博多と対馬とのネットワークによって仕立てられたことがわかる。博多や石見銀山を実際に支配する大内氏や、対馬の宗《そう》氏なども関与していたのだろう。そうでなければ、八万両＝一・三三五トン（日本では一両＝一六・八七五グラム。二三九頁参照）に相当する莫大な量の銀を準備することは、さすがにむずかしいだろう。この事例からは、西日本の戦国大名と貿易商人との密接な関係もうかがうことができる。ちなみに、現在の価値で銀は一グラムが七〇円程度なので（二〇一九年一〇月現在）、一・三三五トンの価格は一億円となる。おおよそのイメージとしてはこんなところだろう。

石見銀山が開発され始めた一六世紀前半の日本では、銀はまだ貨幣としては普及していなかった。しかし世界各地の市場では銀は国際通貨だったので、銀さえあれば世界中のあらゆるモノを買うことができた。そのため石見銀は貿易商人の手を介して日本から海外へ流出していった。そのようにして日本にもたらされた物資は中国や朝鮮の陶磁器が中心だったが、高品質な絹製品なども権力者たちを満足させるために多く輸入された。その貿易の直接の担い手は博多商人であったが、繰り返しになるが利益の多くは大内氏の懐に消えていった。かくして朝鮮には、この頃から「倭銀《わぎん》」と呼ばれる石見銀が大量に流入するようになっていた。少弐氏の使者を名乗る者が来たのと同じ頃の朝鮮側の記録によると、日本から来るさまざまな使者は、産品は持たず銀だけを持って来るようになったと、村井章介氏は指摘する。のみならず、これからも大内氏などから大量の銀が持ち込まれるだろうと予測している。

実際には、九州北部の各地を介して、多くの銀が密貿易によって朝鮮や中国、さらには琉球へもたらされていた可能性がある。一例を挙げると、一五五四年六月、漂流していた所を朝鮮によって捕縛された「倭人」千六は、中国の湖州《こしゅう》（現浙江《せっこう》省）からの帰りに遭難したと供述したが、ともに乗船していたとみられる日本の「平居島」（平戸《ひらど》島か。長崎県平戸市）などを出身とする人物たちは、銀を携えて中国へ赴いていたと証言している（『朝鮮明宗実録』九年［一五五四］六月丁丑［八日］条）。史料にはなかなか現れない、いかにも怪しげな人々の手によって、石見銀が東シナ海周辺海域を往来していた様子がうかがえる。

石見銀を対価に用いた貿易で富を築いた大内氏だが、弘治三（一五五七）年に毛利氏に滅ぼされた。石見銀山はしばらく出雲国を領する尼子《あまご》氏が支配することになったが、永禄五（一五六二）年に毛利氏が奪取した。この頃になると物資の支払いに直接銀が用いられることも多くなり、兵糧のほか、鉄炮の火薬に用いられる硝石や、鉄炮玉の原料となる鉛を入手している（『萩藩閥閲録』）。もちろん贈答による大名間外交の手段として用いられることもあり、上洛を果たした織田信長に銀一〇枚（一〇〇両）が贈られた事例が確認されている（『小早川家文書』二六二）。

その後の石見銀山は、豊臣秀吉の統一過程において彼の直轄領となり、江戸幕府にそのまま引き継がれた。後世の政権にとっても、重要な資金源であったことがうかがえる。

第五章　地方都市の時代——戦国大名と城下町

1　城下町の誕生――一乗谷

当時を再現できる稀有な事例

戦国時代の特徴は何かという問いにはさまざまな解答があり得るだろう。では経済的側面についてであれば、どうか。多くの人は、城下町の建設と返答するのではないだろうか。

城下町は、戦国大名が自らの居館や城郭の膝下《しっか》で計画的に構築した都市のことである。すなわち、大名が個々で自らの領国経営を軌道に乗せる必要が生じた際、その経済的中核として築いた「首都」が、城下町である。米穀のみならず、生活必需品となる工芸品や、時には武器弾薬などが取引の対象となり、領国経済を潤すとともに、領国の安全保障にも深く関わった。そのような性格のゆえにこそ、城下町は地方の中核都市として発達したのであり、現代まで続いている都市も多い。みなさんの故郷にもそのような都市があるだろう。

城下町の先駆的かつ最も著名な事例として、越前国一乗谷《いちじょうだに》をあげることができる。いうまでもなく、当地を領国とした朝倉氏の本拠地で、一五世紀後半に本格的な建設が始まった、日本全体を見回してもかなり早い城下町の事例である（ほかには、大内氏の山口《やまぐち》が思い当たるだろう）。しかもこの一乗谷は遺構の保存状態がきわめて良好であり、発掘調査によって当時の都市空間をほぼ確実に再現できた稀有な事例として、国の特別史跡に指定されている。

ただし注意しておきたいが、一乗谷は一五世紀後半になって初めて開発が始まったわけではないようだ。朝倉氏はもともと但馬国を出自とする武士であったが、南北朝時代に足利一門斯波氏の被官（家来）として南朝方との戦いに従事した後、斯波氏が越前国守護になるとともに越前国に本拠を移した。その頃から朝倉氏は一乗谷も属する越前国中央部の足羽《あすわ》川流域を拠点としていたようであり、当時から一乗谷に朝倉氏の関係者が居館を構えて小規模な開発が行われていたことが発掘調査からわかっている。つまり、朝倉氏は戦国時代に入って突如として別の地から一乗谷へ籠《こ》もったわけではなく、それ以前から拠点の一つとしていたのである。

もっとも、戦国時代に入ってから本格的な都市建設が始まったことも事実である。この地を選んだ理由は山に囲まれた地形が防御に最適だったことにあるが、足羽川によって日本海の水運と接続していたことも重要である。

それは、発掘調査でも裏づけられている。遺物の中には遠く海外から輸入された陶磁器が多く含まれており、東南アジアから輸入されたルソン壺（詳しくは後述）や、これも当時は原料を東南アジアからの輸入に頼っていた鉛製の鉄砲玉も多く見つかっている。これらは、日本海から足羽川を遡って持ち込まれたのだろう。また、城下町では必要な生活物資の生産も進められた。例えば鍋や包丁などの鉄製品の製作を担う職人が城下町へ招かれたり、一乗谷で多くみられる越前焼のように、近隣で焼き物の生産を担ったりする者もみられるようになった。経営規模は大きくないとはいえ、このような生産活動の発達は、地域経済の活性化に寄与することになっただろう。

城下町は地方発展の象徴

一乗谷の発展をうかがわせる事例はほかにもある。明応七（一四九八）年九月には、将軍職を逐《お》われて越中《えっちゅう》国に逃れていた足利義材《よしき》（義稙）が一乗谷へ入った際、「唐人《とうじん》の在所」に滞在していたことが記録されている（『大乗院寺社雑事記』同年九月一一日条）。一乗谷から足羽川を下った同国北庄《きたのしょう》（後の福井）には唐人座という商人集団があったが、これは薬種を扱う商人からなるものだった。そこから類推すれば、一乗谷の「唐人」はさしずめ医者だったのだろう。一乗谷に医者が住んでいたことは、一三世紀に中国で著された医学書の紙片が発掘されたことから明らかになっている（ただしここに住んでいた医者が「唐人」と同一人物とまではいえない）。戦国時代の医者には、中国から渡来した人物もしばしばいたことが知られている。しかし彼らは西日本で活動することが多く、北陸に滞在していたとすれば珍しい。この時期から一乗谷が有数の都市として発展していたことを物語るといえるだろう。

大小の規模はさまざまだが、日本列島各地にこのような都市がこの当時、一斉に築かれていった。このことは、相対的にみれば中世の「首都」たる京都やその周辺の経済的プレゼンスが低下したことを意味するが、各地での都市建設によって、列島内で物流が活性化したこともまちがいない。戦乱によって敵国へ通じる流通路の封鎖がしばしば起きるなど、経済への阻害要因があったこともたしかに無視できないが、戦国時代は地方経済を発達させた時代であり、近世の地方分権的な国家体制（幕藩体制）の基礎となったことは確かである。ただし、一乗谷じたいは、天正元年（一五七三）八月、織田信長の攻撃によって朝倉氏とともに歴史の表舞台から去った。

2 「楽市・楽座」の登場

「楽市・楽座」とは何か

一方、一乗谷を焼き尽くした織田信長のほうはどうか。その財源について、主に土地支配という伝統的な領主としての側面を第二章ではみたが、やはり信長の名を聞いて強くイメージされるのは、都市や商業への関与のあり方だろう。最も関心が集まるのは、信長の商業・流通政策が同時代の他の領主にはみられない「革新的」なものであったかどうかに違いない。中でも注目されるのは、「楽市・楽座」政策である。古くから、信長の経済政策の革新性を象徴する政策として注目され、現在においても信長のイメージを語る上では欠かせないキーワードとなっている。

ところで、この「楽市・楽座」がそもそもどんな政策であったのか、明快に説明できる読者はどれだけいらっしゃるだろうか。たやすいことだとお考えのコアなファンも少なくないだろうが、じつのところどんな政策だったか詳しく説明しろと言われても……という読者はやはり多いだろう。そこで、まずは簡単にその内容を確認しておきたい。

「楽市・楽座」とは、荒廃した市場や新規に設置された市場に対して、その商売に関わる一切の特権を排除した、いわば自由市場とすることを権力が規定するもので、特権を持たない人々にも経済活動への参入を促すことにより、商取引の活性化を期する政策であった。本来は「楽市」だけで自由市場を意味する語として用いられていたようだが、自由市場であることは、市の中で商売をする場所の縄張り（「座」、つまり座席）の特権を排除すること＝「楽座」をそのまま意味したため、「楽市・楽座」と呼ばれるようになった。なお、「楽市・楽座」を謳《うた》うこの政策は、楽市＝自由市場の実現が主目的であったので、専門家の間では単に楽市令と呼ばれることが多い。本書でも、以後は楽市令とのみ記す。

戦国時代の市は京都などの都市を除けば常設店舗は設置されず、月に六日（つまり五日置きに一度）開かれる定期市が一般的であった（六斎市《ろくさいいち》と呼ぶ）。現代のフリーマーケットに近いイメージだろう。フリーマーケットでは魅力的な商品を揃えることもむろん重要だろうが、構えた場所によって稼ぎに大きな違いが生じることも少なくない。それは中世も同じであり、商売に有利な場所は地域の領主やその関係者が自然と独占するようになっていた（その場所に領主が税をかけることもあった）。楽市令は、そのような既得権を一切排除することによって、新規参入を促して商取引を活性化させ、能力の低い既得権者が淘汰される仕組みを作るものであった。

「楽市」の実態

しかし、実際に楽市令を出した市がどのような場所であったかを見ていくと、必ずしも既存の市での特権剝奪を狙っていたとも言いがたい。というのも、楽市令はすでに荒廃した市場や、新設市場にのみ発せられた形跡があるからだ。また、信長の専売特許というイメージを与えることも多い楽市令だが、信長のオリジナルではなかったこともすでに知られている。以上の点について、次の事例を見てみよう。

楽市令の現時点での初見は、じつは信長が出したものではない。天文一八（一五四九）年一二月に、近江国観音寺城《かんのんじ》を本拠とした六角氏《ろっかく》が、城下と見られる石寺新市《いしでらしんいち》（滋賀県近江八幡市）を「楽市」とした事例がそれである（『今堀日吉神社文書集成』一〇八）。この石寺は「新市」と呼ばれたように、新規に設置された市だったようで、同じ史料をみると既存の他の市での楽市を六角氏は認めていない。

信長による楽市令の初見は、永禄一〇（一五六七）年一〇月に美濃《みの》国加納《かのう》（岐阜県岐阜市）に発したものである（『増訂織田信長文書の研究』七四）。この楽市令では、加納を「楽市場」と呼んだ上で、以下の三点を命じている。織田信長の文書を集積して分析した奥野高廣氏の解釈を参照すると、次の通りである（ただし筆者によって補足した箇所がある）。

①加納市場に移住する者は、信長の分国の往来の自由を保証する。ならびに、過去の借銭・借米や今後の地子《じし》・諸役は免除する。「譜代相伝の者」であっても、それを妨げてはいけない（よそから移住してきた者を連れ戻してはならない、と解釈する説もある）。
②押買（強引に商品を買い取ること）・狼藉・喧嘩・口論をしてはならない。
③（借金や諸役の取り立てを称した）不法な使者を市場に入れてはいけない。またその使者が宿をとって、不法な要求をしてはいけない。

ここから、過去の特権を排した自由な商取引を促す意図が楽市令にはあったことが読み取れる。ただし、加納は信長が岐阜《ぎふ》を支配下に収めて新規に設置した市ではなかった。加納は斎藤《さいとう》氏時代から円徳寺《えんとくじ》（当時は浄泉坊）という真宗寺院が支配しており、浄泉坊の監督下で市も存在していたようである。この楽市令は、信長が斎藤氏を滅ぼして本拠を岐阜へ移した直後に発せられたもので、戦乱によって一時的に荒廃した加納にその復興を促す政策であったと考えられている。しばしば加納を新設の市として安土のプロトタイプ（前例）と考える向きもあるが、そうではないということだ。

「徳政」のバリエーション？

ところで、①には、過去の借銭・借米・地子・諸役を免除するという規定がある。地子とは土地を基準に賦課される役（いわば固定資産税）であり、主に都市の屋敷地に課税された（家屋に賦課する棟別銭とは似ているが異なる）。諸役とは文字通りさまざまな役という意味だが、臨時的な商業課税や軍費徴収を指すと思われる。であるから①の主眼は、借金も含めて、過去に賦課されていたこれらの諸役を一切免除するということになる。

中世社会には権力者の代替わりのときなどに借金をチャラにする「徳政」という慣習があり、しばしば民衆の要求によって権力者が発令していたわけだが、①の内容はまさにこの徳政に当たると考えられている。人々が交わした一般的な借金までもチャラにするというのはいささか強引な話だが、累積した債務に行き詰まった人々を救済することになることから、彼らに加納復興への「再チャレンジ」の機会を与えたと理解されている。

しかし、ここで免除の対象となった借銭・借米は、果たして一般の借金を指していたのだろうか。いかに大名権力とはいえ、民間の契約にまで踏み込むことがどこまでできていたのか。あるいは、それによって生じたトラブルを調停する役割を担うことまで考えた上でならわかるが、信長はそこまでの責任を負っていたのだろうか。じつのところ、そのような裁判に関する織田氏の活動はあまり頻繁ではなかった。徳政は出すが、その後のトラブルには関与しなかったようにも見えて、いわば言いっぱなしの権力という印象もするのである。

そこで考えてみたいのは、免除の対象となった借銭・借米は、単なる民間での貸借というより、過去の大名権力（美濃の場合は斎藤氏）に対する負債（つまりは年貢等の未進）が主であったのではないか、という可能性である。当時は、年貢の未進分を権力側が借金に置き換えて、利息を上乗せすることがしばしばであった。ここでいう借銭・借米とは、それを指しているのではないだろうか。権力による徴収税目である地子・諸役が並立していることも、この推測の妥当性を高めている。そうであれば、旧領主の債権を破棄するに過ぎないのであるから、楽市と称して徳政を行使しても新領主である信長の懐が痛むわけではない。しかも、旧領主の年貢に窮して逃亡した人々を呼び戻す効果も十分に期待できる。

①では、加えて「譜代相伝の者」による妨害を禁じている。「譜代」は織田氏譜代の家臣という解釈が一般的だが、そうではなく、斎藤氏時代から加納で年貢や地子を徴収する権限を代々有していた者を指すのではないだろうか。信長は斎藤氏に仕えていた者たちの多くを家臣に迎えたが、その中に年貢・地子の徴収権を有した者がいたのかもしれない。彼らによる取り立てを禁じたものと想定したほうがしっくりくる。

ちなみに③にある条項は、①に従わない者が納得せず不当な取り立てをすることを禁ずるものである。借金（未進年貢）をなんとしても取り立てたいと思う者は、本人あるいはその配下を市に張り付かせて、取り立て対象者がお金を手に入れる瞬間を狙っていたはずである。そういう者たちに宿を提供することを禁止したのは、待ち伏せをさせないことで、不法な取り立てをさせないようにするためだった。このような条項は、ほかの大名の楽市令にもしばしば見られる。市が取り立ての現場となり、それが乱闘に発展するような治安の悪化を警戒したものと考えられる。

3　安土の楽市令

楽市令の内容

　楽市令の代表例として知られている、織田信長が安土の城下町に宛てて発布した法令はどんなものであったのだろうか。それが本当に信長の「革新性」を示す政策だったかどうか次に見てみよう。

　美濃制圧の後、足利義昭を奉じて近江の六角氏らを蹴散らした信長は、永禄一一（一五六八）年九月に上洛を果たした。しかし信長自身はその後も岐阜を本拠としていた。南の伊勢《いせ》国・伊賀《いが》国がまだ平定に至らず、さらには北の越前国朝倉氏の動向も気になったためだろう。そして何よりも気がかりだったのは、東に控える武田信玄であった。上洛後すぐさま険悪な関係になった足利義昭を含め、周囲の反信長勢力が一斉に牙をむき始めた一五七〇年代前半は、攻めるに易く守るに難《かた》いとまで言われた京都に腰を据えることは危険であった。

しかし、元亀四（天正元、一五七三）年に信長に幸いする形で転機が訪れたことは、よくご存じだろう。武田信玄が三河侵攻中の陣中で死去し、関係修復不可能となった足利義昭を京都から追放することにも成功した。そして朝倉氏を討滅したことで、信長の権力はひとまずの窮地を脱した。そこで信長が新たな本拠として目を付けたのが、琵琶湖畔に位置する安土であった。天正四（一五七六）年正月から築城と城下町の建設が始まり、時を経て完成した豪華絢爛な天主（天守）は、統一事業に邁進《まいしん》する「天下人」信長の存在を視覚的に示すシンボルとされてきた。

城郭建設に合わせて居を岐阜から安土に移した信長は、翌天正五（一五七七）年六月に、安土の城下町に充てて楽市令を発布した（『増訂織田信長文書の研究』七二二）。一三ヵ条からなる長大なものだが、次にすべて紹介したい。

①安土の城下町は楽市とするので、諸座・諸役・諸公事等はすべて免除する。

②往還する商人は「上海道」（東山道《とうさんどう》。のちの中山道）ではなく、いずれの者も安土に宿泊すること。ただし荷物を運搬する者については、荷主の都合次第でよい。

③普請役（建築・土木工事の労役負担）は免除する。ただし、信長の出陣中や在京中などで被官衆が留守にせねばならない時は、手伝うこと。
④伝馬《てんま》役《やく》（運送用の馬に伴う労役負担）は免除する。
⑤火事について、放火の場合には火元の責任は問わない。失火の場合には原因を糺明《きゅうめい》した上で、その家の亭主を追放する。ただし、事情によっては罪の軽重がある。
⑥咎人《とがにん》（犯罪者等）について、その者が貸家の住人であろうと同居人であろうと、亭主が本人の詳細を知らず手助けをしていなければ、亭主の罪は問わない。犯罪者については、糺明の上処罰する。
⑦諸々の物資を売買することについて、それがたとえ盗品であっても、買い主がそれを知らずに買ったのであれば、罪に問わない。その後盗人が売ったものであることが証明された場合には、古法に従って盗品は元の所有者に返還すること。
⑧分国中で徳政が実施されても、安土は適用外とする。
⑨他国・他所の者が安土に引っ越して居住すれば、以前より居住している者と同様に、誰の家来だった者であっても問題はない。もし給人（主人）と称してその者に臨時の課役を賦課しようとしても、それを禁止とする。
⑩喧嘩・口論や、国質《くにじち》・所質《ところじち》・押買・押売・宿の「押借《おしがり》」（押しかけ宿泊）以下は一切禁止

する（国質・所質とは、質として人を拉致する行為で、取り立て対象者に近い者でなく同じ国の住人というだけで質として拉致する場合があり、それを国質と呼ぶ。所質はもう少し地域が限定された村などの単位で同じ住人を拉致する場合を指す）。

⑪町中に譴責使《けんせきし》（取り立て等の使者）を派遣するなどの場合は、福富平左衛門尉《ふくずみへいざえもんのじょう》・木村次郎左衛門尉《きむらじろうざえもんのじょう》の両人（安土城下町の奉行的存在）に事前に届け出て、その是非を紀明した上で行うこと。

⑫町中に居住する者は、奉公人（家来）であっても諸職人であっても、「家並役《やなみやく》」（地子などの役あるいは家単位に課した労働奉仕）を免除する。加えて、信長の命令により禄を得て居住する者や御用の諸職人については、個別に対応すること（なお、地子は免除の対象外とする説もある）。

⑬博労《ばくろう》（馬の取引）について、近江国中の馬の売買はすべて安土で行うこと。

ここまで詳しい条文を備えた楽市令はほかにには存在しない。それもまた、信長の特異性を印象づける要素にもなっている。中でもやはり注目されるのは、①である。安土が楽市であることを宣言した上で、諸座・諸役・諸公事等の免除を高らかに謳う。それ以下の諸役免除に関わる規定は、すべてこの①を踏まえた個別規定と理解されている。

楽市令が楽市・楽座令とも呼ばれてきたことに触れたが、これは①に楽市という文言が含まれていることによる。一般的な辞書によると、楽座とは、市場で特定商品の生産・販売の独占権を持っていた商工業者の組合である座を廃止し、他の商人にも自由な営業ができるようにしたこととある（『日本国語大辞典』より）。

生産・販売の独占権を有した座とは、中世、天皇家・摂関家や大規模な寺社などの上級権力の保護を受けて特定の商品の販売独占権を与えられた特権商人集団であった。たとえば米ならば米座、油（灯油）ならば油座という座が組織され、大消費地の京都ではこの座のメンバーにならないと販売が許されなかった。そのため生産者も座のメンバーの商人に販売するほかないため、特定の物資を独占的に扱うことになった。それらの物資を必要とする上級権力は、このような独占権を与える見返りに、安定的な物資の供与（献上）を受けることになった。

「自由な取引」の内実は？

この構図から明らかなように、座は寡占（カルテル）の典型であった。少し経済の仕組みをかじれば分かるように、カルテルは小売価格を上昇させるから、一般庶民に負担を強い、全体的にみれば消費が抑制されることになるので、座は経済発展を阻害する要因ということになる。

それゆえに、楽座は経済発展に寄与する「画期的」政策であったと評価されることになる。しかも座は権力の後ろ盾を得た中世的権威の象徴そのものであったため、それらをまるごと捨て去った信長の政策は、まさしく中世の否定であるとして高く評価されてきた。戦国時代の京都周辺では、中央権力の弱体化にともなって座特権を持たない新興商人も多く登場するようになり、特権商人との競合が起こっていた。信長による座特権の剝奪は、新興商人の旺盛な商業活動に目を付け、彼らを自らの城下に招致して新たな商圏を築き、その経済成長を促した。こうして領内全体の経済成長が着実にもたらされると考えられてきたのである。

ただし、信長が排除しようとした座は、京都を縄張りとしていた座をターゲットとしたものかというと少々怪しい。むしろ当時は、地元の近江国に密着して特権を築いていた商人集団も存在し、直接的にはこのような商人集団が特権剝奪の対象となった。当時の近江国では、琵琶湖東岸地域（湖東《ことう》）を中心にローカルな物流を担う地域的な商人集団がいくつも存在しており、縄張り争いが熾烈を極めていたのである。

その一つとして有名なのが同国蒲生《がもう》郡得珍保《とくちんのほ》今堀郷（滋賀県東近江市）を本拠とした、保《ほ》内《ない》商人と呼ばれる商人集団であった。彼らはほかの商人集団に比べて新参だったらしく、湖東を中心とする重要な流通路にすでに縄張りを確保していたライバルの商人集団らに対抗すべく信長以前に近江を支配していた六角氏に接近し、しばしばその権力を盾にして、訴訟などを駆使してライバルを蹴落とす動きを見せていた。近江にはこのような商人集団がいくつもあり、戦国大名との癒着によって座の特権を確保していた。江戸時代に成功を収めた近江商人のルーツとしてのたくましい活動が垣間見える。

安土で信長が想定していた楽座は、こうした地域的な商人集団の縄張り争いからの解放を念頭に置いての政策であった。信長以前に六角氏が発布した石寺新市の楽市令も、じつは保内商人の訴えに応じたものであり、紙商売の特権を主張する犬上《いぬがみ》郡枝《えだ》村（滋賀県豊郷町）の商人の、新市での独占販売権を否定するものであった。

すなわちこの時代の近江での楽座政策は、熾烈化していたローカルな商売活動と権力が癒着することによって経済成長が鈍化しないようにと出されたものであった。信長の安土での楽座政策も同様と考えるのが妥当である。安土の楽座が日本全体に激震を与えた先駆的かつ画期的な政策とみるのは、過大評価といえるだろう。

ところで、⑧の条文も気になるところである。美濃国加納に宛てた信長の楽市令では、戦後復興と新領主による代替わりをアピールするために徳政を宣言していたが、ここでは安土での徳政除外を宣言している。単純に見れば、正反対の政策を採用していることになり矛盾するが、どのように考えるべきだろうか。

やはりその理由は、対象となった町の背景によるのだろう。新たな支配者として君臨する段階にあった加納とは異なり、安土はすでに信長が支配下に置いた地域で新たに町を建設したものであった。そのため信長は、安土での過去の経緯に気を遣う必要はなかった。それよりも今後の経済発展と、それにともなう金融活動の活発化を期待していたはずである。債権破棄を強制する徳政が発布される懸念がある状況では、いわゆる「貸し渋り」を生じさせ、経済発展を阻害することにもなりかねない。安土では徳政が行われないと宣言することで、その懸念を与えないように配慮したのだと考えられる。

新城下町安土への配慮

もっとも、安土は信長が来るまで何もない場所だったわけではなかった。安土山の麓に当たる豊浦《とようら》には信長入部以前から村落が存在しており、信長の城下町建設はこの豊浦を都市化する形で整備されていったことが明らかになっている。豊浦はかつて、奈良近郊に所在する薬師寺《やくしじ》の荘園だった。とはいえおそらく一六世紀後半段階には、荘園としての機能は失っていた。そのため旧来の権益を否定するための徳政を発布する必要がなかったと考えられる。徳政の否定は旧来の権益の維持を宣言するものでもあるから、⑧の条文は、従来から居住を続けている住民に対して、従来の土地所有を安堵《あんど》し、引き続き居住するよう誘導したものといえるかもしれない。新たな城下町の開発に腐心した様子がうかがえる。

　城下町の建設については、③の条文にあるように、安土では住民の動員は免除された。住民負担を小さくして移住者を増やすねらいがあったのだろう、建設工事は、家臣やその家来衆が担当することになっていた。楽市令発布と同じ天正五（一五七七）年六月に羽柴秀吉が「天主手伝いの衆」に命令した史料によると（『豊臣秀吉文書集』一三八）、「手伝いの衆」として浅野《あさの》長吉《ながよし》（のち長政《ながまさ》）ら秀吉子飼いの衆がリストアップされ、それぞれに動員する家来の数を割り当てている。

　この時は合計で二二一人が動員された。それを三班に分け、天主建築の「手伝い」をするよう命じている。一日一班を担当として、三日で一巡とするスケジュールだった。動員された家来は子飼いの衆に仕える奉公人（武士）や職人と呼ばれる人々であった。人手が足りなくて住民が徴発されることもあったろうが、その場合はタダ働きではなく日当が支払われた。その金額は、当時の水準に当てはめると銭で一日およそ一〇〇文程度か。米で支払われることも多く、その場合はおよそ一斗程度が相場だった。現在の価値にすると、およそ六〇〇〇〜七〇〇〇円くらいだろうか。現代の価値観からすれば十分とは言えないが、それほど悪くはない水準だったかもしれない。もっとも、当時は日の出から日の入りまでが労働時間であり、現代よりも労働時間が長かった。過酷な気候に加えて労働時間が長くなる夏場は、労働者にはかなりこたえたことだろう。

次に⑪の条文をみてみよう。安土の行政担当者と考えられる福富平左衛門尉（実名は秀勝）と木村次郎左衛門尉（実名は高重《たかしげ》）の名が見える。福富は尾張時代から信長に仕えた馬《うま》廻《まわり》（親衛隊）であったから、安土の治安維持を担当していたのかもしれない。

もう一人の木村次郎左衛門尉は、安土城建設においてキーマンとなった人物である。彼は信長が近江へ進出する以前から安土山の麓に存在していた重要拠点、常楽寺《じょうらくじ》港を支配する地元の領主だった。常楽寺港は安土を開発する以前から琵琶湖水運の重要な拠点とされており、その領主で流通事情に長けた木村を味方に引き込むことは信長にも重要なことだった。木村はかつて観音寺城を本拠とした六角氏に仕えていたが、信長進出後はそれに従い、後に京都の禁裏で普請業務に携わった経歴も持っていた。木村は織田家中において安土に最も土地勘のある人物であったので、安土城の普請においても中心的な役割を与えられ、同時に城下町の監督も任されていた。

ちなみに、本能寺の変が起こった翌日の天正一〇（一五八二）年六月三日に安土城二の丸を守っていた蒲生賢秀《かたひで》が退去すると、代わって木村が守ることになった（『信長公記』）。直後に明智光秀の攻撃を受けた木村は、城下百々《どど》橋で戦死を遂げたという。「信長の城」を築いた自負を抱き、それに殉じていったのだ。

最後の⑬の条文では、馬の売買を安土で行うよう命じている。馬が軍事物資として重視されていたためだが、安土での馬の調達をしやすくすることや、敵対する大名の領国との取引を監視・規制する目的もあっただろう。

楽市令は有効か？

以上、安土の楽市令をみてきたが、ここで疑問が一つ浮かぶ。信長をはじめとする戦国大名たちは、楽市令を出すなどの政策を用いて領内での経済活動の活発化を促したわけだが、加納の楽市令の①にあるように、そこでは諸役免除、つまり免税特権が与えられていた。これは後に信長が安土に発した楽市令も同様だし、楽市を謳わない場合でも、いくつかの流通拠点に免税特権が与えられることが多かった。しかしそうであるなら、免税となったそれらの市で商取引がどれほど活発化したとしても、それが大名の財政を直接潤すことには繋がらないのではないだろうか。であるなら、そもそもなぜ、そのような政策を推進しようとしたのだろうか。

この疑問へのさし当たっての解答は、諸役免除による商業振興によって、結果的に大名領国の全体的な経済発展に寄与するというものである。それが最終的には年貢増収などの形で大名へと還元されるだろうし、また、富裕となった商人たちから各種献金を徴することも期待されていたということになろうか。実際に、上洛後の永禄一二（一五六九）年に信長が堺《さかい》に課したとされる「矢銭《やせん》」（軍資金）の事例があり（「細川両家記」）、同じ頃に堺商人今井宗久《いまいそうきゅう》は、少なくとも数百貫文の「礼銭《れいせん》」を別途調達していた（「今井文書」）。領内で利益を挙げた商人たちからの献金（賄賂）を介して、徴税とは異なる形での収入を期待していたのだろう。津島での父織田信秀の姿に学んだのだろうか。

献金の仕組みを整えることで、徴税のために掛かるコストを削減するというメリットもあった。課税には徴税対象者の名簿を整備したり、徴税担当者の人件費がかかったりする。また、徴税の際に発生すると見込まれるトラブル（脱税の摘発など）に対応するためにもコストが発生する。献金というシステムにすることには、そのような手間を省くメリットがあったのだ。

4　楽市令と経済再編——徳政・物流

復古的政策？

織田信長は、天正三（一五七五）年から翌四年にかけて領内各地で徳政を発した。伊勢国では、天正三年六月に信長の二男北畠信意《きたばたけのぶおき》（後の織田信雄《のぶかつ》）が北畠氏当主となった翌七月に、同国で徳政を発している。この徳政では、借金や年貢未進などが免除となり、売却地の売主への返却も命じられている。売却地の強制返還は、鎌倉時代に始まって以来徳政が持つ代表的な特徴としてよく知られているが、この時にも採用されていた。借金を返済できずに土地を失った百姓たちを救済するためだった。

同年一二月には、丹波《たんば》国攻略に当たっていた明智光秀が同国内で徳政を発している。攻略によって支配下に取り込んだ地域に宛てたようである（ただし翌年正月の波多野《はたの》氏の裏切りによって、光秀は丹波国からいったん撤退することになった）。ここでもまた、貸借や未進の破棄が掲げられている。このほかには、天正四年に河内国内でも徳政が発せられた。これらの事例は、征服地での復興に期待する加納楽市令での徳政と同じ政策であろう。

一方、天正三年七月には、信長は京都で徳政を発した。この徳政は、京都およびその近郊の公家衆や寺社に宛てたもので、彼らに売却地の取り戻しや借銭などの破棄を認めるものであった。旧来の領主層に対してさまざまな負債を免除したこの政策は古くから注目され、信長による朝廷保護政策の一環とされたり、新たな統治権力の登場をアピールする政策との評価が与えられたりしている。ただ、徳政の内容がきわめて中世的でもあったことから、革新的なイメージとは正反対の、復古的政策との評価がされることもある、専門家の間でもさまざまな議論を呼んだ政策であった。

徳政は、中世を通じてみると将軍など代替わりを契機として発令されることが多く、いわば恩赦のような性格を持つ政策だった。そのため政治的な意味合いの強い法令でもあった。この時期の信長は本願寺との紛争がいったん落ち着き、内政に目を向けやすい時期でもあった。京都周辺の征服地で新領主への「代替わり」をアピールし、かつ年貢未進の免除などの特典付与を通じて、地域の人々から信長が領主として歓迎されることを期待したのだろう。

その一方、加納の事例で触れたように、すでに信長の支配下にあった地域の人々の中には、新たに織田領国に入った地域ですでに債権を有していた者がいた可能性もある。彼らは、この徳政によって債権放棄を強制されることになる。そこで安土の楽市令⑧の条文では、安土の住民には徳政の適用除外を認めることにしたのかもしれない。徳政による債権放棄の不安に駆られた他地域の住民——それは各地で債権を持つ比較的裕福な商人らが多かったと思われる——は、徳政除外の「特区」安土へ自ら移住することを選択するだろう。信長はそう期待したものと考えられる。

ところで、楽市令での徳政に当たる借金・借米免除の条文には先に述べた住民の負債免除の場合だけではなく、別のねらいもあったと考えられる。信長による征服戦の際には、戦場となった地域で強引に商人や百姓たちから軍資金や兵糧米を調達（要するに強奪）することがあった。勝利により占領して間を置かずに徳政を発令したとすれば、信長やその家来たちが強引に調達した軍資金や兵糧米の返済が免除の対象となったことになる。事実上、乱取りを合法化したということだ。これでは略奪対象となった庶民が報われないが、それもこの時代の現実だった。

実際に、一六世紀後半には徳政に対する庶民のイメージが極端に悪化していたことが指摘されている。庶民救済のはずだった徳政が当の庶民に迷惑な政策とみなされるようになったのは、じつは彼らが戦争によって借り（債務）ではなく貸し（債権）を失う可能性が高くなったことにほかならない。

有効性は？

安土の楽市令②の条文も、信長の特異性を評価する視点から注目されてきた。この条文は、往来する商人に安土での宿泊を義務づけることによって、新たに建設した安土の城下町へ商人を強制的に呼び寄せる政策とされてきた。というのも、安土は陸路のメインルートである「上海道」（後の中山道）からは逸《そ》れた場所にあることから、待っているだけでは立ち寄ってもらえなかったからである。そこでこの強硬策は、他の大名には見られないオリジナリティがあり、かつ、このような法令を可能にした信長の権力の強大さを印象づけるというのである。

しかしながら、この条文が実際に機能したかどうかは検証されていないし、検証することはむずかしい。安土城下町では今も発掘調査が続けられており、その結果、一定程度の町の発展は確かにあったことがわかっている。しかし、信長が予想した通りの発展があったかどうかとなるとわからない。ましてや、商人が遵守《じゅんしゅ》するように期待するだけでは、②の条文が機能したとはいえないだろう。強制的に宿泊させるためには、そうさせる強制力が必要である。たとえば、街道に関所を設け、安土での宿泊証明を通過の条件とするような制度である。しかし、今のところ信長がそのような措置を採った証拠は残っていない。むしろ信長は領国内での関所を撤廃する政策を徹底していたのだから、自ら関所を設置するとは考えにくい。

となると、信長は商人の自発的な法令遵守を期待したに過ぎない可能性が高い。荒木村《あらきむら》重《しげ》や松永久秀《まつながひさひで》らの例でよく知られているように、信長は信頼していた家臣たちに裏切られることが多く、しかも最期には腹心の明智光秀の裏切りによって命を落とすほどだった（その顚末については、それをテーマとした書籍が厖大にあるので、そちらを当たられたい）。

このような事態を招いたのには、信長の性格が影響していた可能性が指摘されている。金子拓氏によると、信長は生来、他人を信用しすぎて相手の本心を読み違える性格だったという。②の条文についても、信長のそういう性格の発露と言えなくもない。信長が発布した撰銭令（後に触れたい）もそうだが、その内容の特異性から革新的と評価されることもある一方、実際に人々に遵守されたかというと、微妙という評価が大勢となっている。

つまり、②の条文も、出してはみたものの、実際に効果を発揮したかどうかは別問題と考えるべきである。いや、じつは大した効果はなかったのではないか。繰り出す政策の独創性という点で信長は確かに卓越していたが、半面その政策の効果を発揮させるための準備や根回しにはほとんど関心がなかった。②の政策は、実効性を持たない突飛な政策に終わってしまった可能性が高いだろう。

既得権を保護する政策

楽座政策は、そもそも信長がそれを領国全体へ拡充しようとしていたかどうかも怪しい。朝倉氏を滅ぼして越前国を支配下に収めた後の政策を見れば、楽座によってひたすら自由取引の実現へと邁進したとは思えないからである。次にそれについて見てみよう。

京都から足利義昭を追放した後の天正元年（一五七三）八月、信長は、自らを裏切った義弟浅井長政《ながまさ》とともに、義昭を背後から支えた越前国の大敵朝倉義景をついに滅ぼし、その領国を手中に収めた。義景が自害したのと同じ同月二〇日に、さっそく信長はその首尾を記した上杉謙信宛ての書状を作成している（『増訂織田信長文書の研究』三八五）。越前支配はすぐには安定せず、同国内で真宗門徒が蜂起して混乱に陥ったが、天正三（一五七五）年八月にはようやくそれも沈静化し、重臣柴田勝家を同国北庄に据えて支配を確実なものとしていった。北庄は本拠を一乗谷に構える以前から朝倉氏が拠点としていた水陸交通の要衝であったが、信長は同氏滅亡により壊滅した一乗谷の復興を選択せず、すでに都市としての機能を有していた北庄に拠点を据えた。

朝倉氏を滅ぼしたわずか五日後の天正元年八月二五日、信長は北庄のある商人に対して、「北庄三か村の軽物座《かるものざ》の事は、以前の通りの権益を安堵したことは相違ない」ことを証明する文書を発している（『増訂織田信長文書の研究』三八八）。この文書を受け取ったのは、北庄の商人を束ねる存在であったと目される橘屋《たちばなや》という商人であった。

文書にあるように、橘屋は軽物座を取り仕切る商人だったとみられる。軽物とは、当時の越前国の特産品であった絹布《けんぷ》のことである。北庄の軽物座とは、越前国で産する絹布の独占的販売権を有した商人組織であり、その権益は少なくとも朝倉氏が支配していた時代から存在していた。要するに、信長は新たに支配下に置いた越前国の戦後処理では、楽座とは逆に旧来の商人の特権をそのまま安堵したのである。戦乱直後の代替わりによる混乱期には世情の早急な沈静化が重視されただろうから、既得権を根こそぎ奪い取るような乱暴な策は採れなかった、そう同情すべきかもしれない。しかし、その後も軽物座の権益を排除しようとはしなかった。そのことからも、信長による楽座政策は首尾一貫した彼のポリシーではなく、時と場合に応じて持ち出されるものであったと考えておいたほうがよい。

軽物座の権益安堵は、従来の商人にとってのみメリットがあったわけではなかった。信長もそこはしたたかである。同年九月五日には、今度は滝川一益《たきがわかずます》・羽柴秀吉・明智光秀の三名が連署して、橘屋三郎五郎に宛てて次のような書状を認めている（「橘栄一郎家文書」七）。

「あなたの身上については、（信長の）御朱印の内容の通りに、諸役以下を以前の通りに果たすよう覚えておいてください」

この「御朱印」（「天下布武《てんかふぶ》」の朱印を指す）とは、先にみた信長が軽物座を安堵した文書のことである。その内容の通りに諸役を果たせとは、すなわち信長による軽物座の安堵とは、絹布の独占権という商人の利益を単に保護するだけではなかった。商人側にもその権益にともなう義務が生じていたのである。ここではそれを「諸役以下」と呼んでいるわけだが、要するに権力者への上前、上納金である。朝倉氏時代以来、権力者が絹布販売の独占権を軽物座に安堵した代わりにその利益の一部を「諸役」として上納させるシステムができあがっていたのである。これはまさに座特権そのものだが、信長は楽座によってそれを否定したのではなく、朝倉氏の権益を継承して、自らの利権として残したのだ。

天正二（一五七四）年正月に、信長は「役銭」の具体的な内容を橘屋に通告したが、それは一人当たり「上品」の絹一疋ずつであった（「橘栄一郎家文書」九）。もともとは銭で納めていたが、信長は絹の現物納を指定した。「疋」は絹布の長さの単位で、時代によって変わるが当時の一疋は約四丈（約一二メートル）程度だったようだ。これと同じ文書の中で、諸役免除の「御朱印」を持つ者であってもそれを認めず役銭納入を義務づけるので、往来する商人から役銭一〇疋（一〇〇文）ずつを徴収するようにと信長は指示している。これだけをみれば、この後に発布した安土の楽市令とは正反対の政策である。北庄もやはり既存の町であったので、一からの集客が必須だった安土とは対応が異なったのだろう。いずれにせよ、既存の商人の特権を篤《あつ》く保護するのがこの時の信長の政策の特徴であった。

リアリスト信長

天正三年に柴田勝家が直接統治に乗り出した後も、当初は上記の政策がそのまま継承された。ところが翌天正四（一五七六）年九月になると、勝家は橘屋へ次のような指示を出した（「橘栄一郎家文書」一三）。

「諸商売楽座と（勝家から）申し出たものの、軽物座・唐人座については、（信長の）御朱印と去年の勝家の一筆の通りに対応しなさい。商人衆中の規定については、定めるようにしなさい」

この時柴田勝家は、城下の北庄を対象に楽座を適用しようとしたと考えられる。新たに城下町を整備する中で、楽座による商業振興の方が効果的と判断したのだろう。あるいは、当時進んでいた安土城の建設に倣《なら》ったとも考えられる（安土の楽市令自体はこの翌年に出されたが）。

楽座の方針が打ち出されたことで狼狽したのは、橘屋以下、旧来の座特権を有する商人たちだった。彼らから特権保護の訴えがあったとみえ、勝家は橘屋に上記の文書を出したのであった。それによると、軽物座と唐人座（薬種を扱う商人集団）には、以前、信長と勝家が安堵した通り役銭の対価として特権を保持することが認められた。勝家から権益安堵の言質を確保できたことで、橘屋はほっとしたことだろう。もちろん、勝家としても彼らからの役銭徴収は重要な財源だったので、やすやすと手放すわけはなかったが。

以上の事例のように、楽座が宣言されつつも、権力者や既得権者との交渉によってその適用が除外されることがあった。これには権力者側にもメリットがあったことは言うまでもない。特権を保障することの見返りが期待できたのである。ただし、単に目先の利益に目がくらんだというだけでもないだろう。新たな地で安定的な支配や財源を確保しようとする場合、それ以前の権力が保持していた権益をそのまま継承して使用するのはむしろ現実的なことだった。新たな領主として地元の人々に受け入れられることが支配の安定に最も重要であることは言うまでもなく、その地での既得権益を保持していた人々から闇雲にそれを剝奪するのは得策ではなかった。とはいえ座特権の全面保障は経済発展の阻害要因にもなる。誰の特権を保障し、誰の特権を剝奪するのか、慎重な政治判断が行われたと思われる。

以上のようにみてくると、織田氏が中世的な商業システムを全面排除しようとしたというのは、正しい評価とはいえないだろう。実際には旧来のシステムをそのまま温存することも少なくはなかった。しかし、それをもって信長が中世的な因習に固執したとか、旧来的な権力に過ぎなかったと批判するのも酷だろう。戦乱で社会が混乱する中、新たな征服者としての統治に乗り出すことの多かった信長には、迅速な戦後処理による世情の沈静化が喫緊の政策課題であったはずである。何より、当地の民衆がそれを求めたに違いない。

特に旧来の権益維持への強い要求があった場合、それを認めることで安心させるのが一番の得策であったはずである。それはより強大な権力を形成した後の豊臣政権下でも同様だった。信長は、革新性のイメージが先行しがちだが、突飛な政策でいたずらに社会を混乱させたのではなく、そのごく一部を除けばきわめて現実的な政策を的確に選択していた、むしろそう評価すべきだろう。信長の卓越した経済感覚とは、このような姿勢にこそ表れているのである。

第六章　大航海時代と戦国大名の貿易利潤

第四章で触れたように、石見銀山の開発によって大量の銀が産出されるようになった。銀はすでに世界経済における国際通貨となっていたため、日本の銀は世界各地を股にかける貿易商人にとって垂涎の的となった。こうして、世界各地から日本を目指す人々が現れるようになる一方、戦国大名たちは貿易によって得られる奢侈《しゃし》品や軍需物資（特に鉄炮に使用された硝石や鉛玉など）の獲得に躍起になっていく。本章では、その様子をみていきたい。

1　戦国時代の東アジア貿易

冊封体制の中で

まずは一五世紀後半から一六世紀前半にかけての日本と周辺諸国との貿易事情を見ていこう。

この時代、日本の最大の貿易相手国はもちろん中国だった。しかし当時の明朝は海禁を敷き民間貿易は違法行為とされ、中国人の海外渡航も禁じられていた。そのため、中国と合法的な貿易を行うには、統治者が明朝皇帝から国王の称号を与えられた上で皇帝へ朝貢

（献上）を行い、皇帝からは下賜（返礼）を受けるという外交儀礼の形式をとる必要があった。この関係は冊封《さくほう》関係と呼ばれたが、日本の場合、室町殿と呼ばれた人物が交易の対象たる日本国王とされた。室町殿とは足利将軍家の家長のことで、必ずしも現任の将軍ではなかった。たとえば最初に日本国王号を与えられた足利義満《よしみつ》は、その時点ではすでに将軍を辞任しており、将軍には子の義持《よしもち》が就いていた。

こうしておよそ一〇年に一度のペースで船団が組まれて貿易船が派遣されることになった。とはいえ、船団を構成する貿易船はすべて幕府によって準備されたわけではなく、有力寺社や守護が派遣の権利を幕府から買い取り、貿易船を準備することが普通だった。いずれにせよ、幕府にとって重要な収入源となったことは事実で、特に足利義満は金閣《きんかく》など豪華絢爛な邸宅・北山殿《きたやまどの》にその利益を惜しみなく注いだ。ちなみに、当時の日本が中国から輸入したものは美術品や実用品としての需要が高い陶磁器や絹製品が中心だったが、明が鋳造した銭（明銭）も持ち込まれた。日本からは、一五世紀から生産が盛んとなった銅のほか、硫黄や刀剣が多く輸出された。モンゴルなど北方の諸勢力との戦争をつねに抱えていた明は、武器・弾薬に転用できるものを好んだようだ。特に硫黄の一大産地を持たない中国では、火薬の原料として必須の硫黄の需要がつねに高かった。

しかし、応仁の乱の後になると様子が変わってくる。将軍家自体が二手に分かれた権力抗争が長引くにつれて、それぞれの将軍を支える細川氏と大内氏が、貿易船派遣の主体となっていったのだ。大永三（一五二三）年には、両勢力が中国側の窓口だった寧波《ニンポー》で騒擾《そうじょう》事件を起こすに至っている。以後も両者の貿易船が数度派遣されたが、天文一六（一五四七）年を最後として公的な貿易船派遣は途絶えた。なお石見銀山の開発が進んだ後の貿易船は、国際通貨として需要の高い銀を中国に多く持ち込んでいた。

朝鮮との貿易は、冊封下における国王同士の対等な外交の枠内で行われるのがタテマエだったが、実質的には対馬島主の宗《そう》氏が媒介する形で、幕府のみならず大内氏・大友氏・島津氏など西日本の有力守護が朝鮮から貿易の許可を与えられて貿易船を派遣していた。しかし一五世紀後半になると、博多の貿易商人が上記権力の使者を騙《かた》って勝手に朝鮮へ貿易船を頻繁に派遣するようになった。朝鮮がこの貿易を規制すると貿易商人らの不満が爆発し、永正七（一五一〇）年に朝鮮半島の貿易窓口である三つの港（三浦《さんぽ》）で反乱が発生した。

これを鎮圧した朝鮮は、日本との貿易にはさらに消極的になったが、先に石見銀山の例で見たように、博多商人を介した貿易は続けられた。日本からは銅や硫黄などの鉱物資源が多く輸出されたが、そのほかにも琉球との貿易を通じて得られた東南アジア産の香料や香辛料なども持ち込まれた。ただし、先に見たように、石見銀山が開発された後はほとんど銀のみを輸出したとみられる。一方朝鮮から日本へは、薬種として名高い朝鮮人参や多くの寺院が渇望していた経典、大蔵経《だいぞうきよう》が多く持ち込まれた。一六世紀になると、木綿が日本へ輸入されることもあった。

琉球は中国の冊封国として日本よりも頻繁に中国と貿易船を往来させ、一五世紀に中継貿易の拠点として大いに発展した。また東南アジアとの貿易も盛んに行っていたため、琉球には東南アジアの特産品も多く運び込まれていた。日本は琉球との貿易によって中国産の物資のみならず、東南アジアの産品も多く買いつけていた。その多くは香料や香木で、香木の一種で建築資材にもなる紫檀《したん》は日本の権力者に特に珍重された。琉球との貿易もやはり幕府が主導権を握っていたが、大内氏や島津氏などの西日本の守護たちも独自に貿易を行っていた。

また北方に目をやると、明瞭な国家権力は存在しなかったが、現在の北海道に居住するアイヌとの間で一五世紀に交易が盛んになり、日本からも領主層が進出してそれぞれの拠点に城館を構えた（道南十二館）。コシャマインの乱などの軋轢《あつれき》もしばしばあったが、一六世紀にかけて本州との交易が続けられていた。アイヌからの物資として日本で珍重されたのは昆布である。その多くは日本海を伝って京都に運ばれ、贈答品に用いられるとともに、貴族層が舌鼓を打った。ほかには熊や海獣などの毛皮も特産品としてもたらされた。

以上のように、基本的に貿易は外交と不可分であったため、幕府がほぼその権益を独占していたが、応仁の乱の後は守護から戦国大名になった領主たちへとその主導権が継承されていった。徐々に貿易の自由度が増したともいえるが、一方で貿易利権をめぐる競争も激化し、中国や朝鮮では衝突も発生していた。大名の財政に与える影響を考えると、何としても保持したい権益だったのだろう。

「倭寇」の登場

一六世紀に幕府の権力が揺らぐとともに、東アジアの貿易事情にも変化が生じた。大きな影響を与えたのは石見銀山の開発や、次節でみるように「南蛮貿易」と呼ばれるヨーロッパ勢力との貿易の開始だったが、なかでも重要なのは東シナ海を往来する人々に変化が生じたことである。それは、「倭寇《わこう》」と権力側に呼称される人々の登場だった。

一五四〇年代頃から東アジアの諸国家から一方的に「倭寇」と呼ばれた彼らは、商船などを襲撃して略奪などの違法行為を繰り返す海賊集団とみなされていた。ただし倭寇といっても、実際には略奪でのみ生計を立てる、単なる海賊集団だったわけではなかった。貿易商人としての表の顔を持っていることがむしろ一般的だった。しばしば触れてきたように、海上交易に携わる人々は、一筋縄ではいかない多面性を持っている。時に海賊として略奪や殺戮をもいとわない暴虐な側面ももちろんみせるが、その一方で、可能な限り平和裏に商取引を重ねてもいた。

また、倭寇はその呼称とは裏腹に、現代的な意味における「日本人」のみで構成されていたわけではなかった。「フランキ」と呼ばれたポルトガル人の参加例もあるほか、華南沿岸部に拠点を構えた中国出身の密貿易商人も多く加わっていた。実際に明がその中心人物と見なしていたのは、寧波沖にある舟山《しゅうざん》群島を拠点とした密貿易集団の中心人物であった王直《おうちょく》だった。彼は中国出身でありながら日本の五島や平戸にも拠点を築き、一五四〇年代から一五五〇年代にかけて日中間の密貿易を推進した。じつはこの王直こそが、種子島《たねがしま》へ鉄炮をもたらしたポルトガル人が乗船していた船の船主「五峯《ごほう》」であった。しかし王直は明の倭寇征伐によって捕らえられ、一五五九年に処刑された。

日中を往来していた王直のように、倭寇と呼ばれる人々は単一的なエスニシティに固定された同質的な集団ではなく、海域アジアを股にかけて往来する、さまざまな出自からなる多様な集団であった。一六世紀の半ばに差し掛かる頃には、倭寇は東シナ海・南シナ海の密貿易に深く関わるようになり、彼らによって日本にはさまざまな物産がもたらされた。この密貿易ネットワークには日本商人も徐々に参入していくが、その多くは堺の商人であった。織田信長に代表されるように、彼らのパトロンとなったのは戦国大名であった。先に触れたように、信長のほかにも細川氏、島津氏などの戦国大名と深く関わっていたのはむろんのこと、石見銀山に深く関わる博多商人の活動も盛んで、こちらには大内氏や大友氏、毛利氏、対馬の宗氏など周辺の戦国大名が深く関わっていたことはすでに指摘したとおりである。

南蛮への路線転換

密貿易を繰り返し、取り締まりの官憲に抵抗する倭寇は明にとって海防上の大問題となっていた。一六世紀前半のポルトガル人の東シナ海進出が彼らの活動を刺激したことも大きかったが（次節で詳しく述べたい）、明の海禁政策による自由貿易の制限が、ハイリスク・ハイリターンを求める密貿易集団たる倭寇を生み出すことになったのだ。そして明はそれを討伐せざるを得ないという、いわば自家撞着《じかどうちやく》のような状態に陥っていた。

密貿易の横行に業を煮やした明は、一五四〇年代後半から大規模な武力討伐を始めたが、初期対応に失敗し、逆に倭寇は華南沿岸部各地へと展開した。その結果、「嘉靖《かせい》の大倭寇」と呼ばれる、大規模な反政府ゲリラ活動を引き起こし、事態はさらに泥沼化した。その間にも、引き続き倭寇の貿易活動は活発で、後に述べるように九州各地の港にポルトガル人商人を含めた多くの貿易商人が来航するようになっていた。フランシスコ・ザビエルを筆頭とするキリスト教宣教師の日本来訪も、この流れに乗ったものだった。

対倭寇強硬策が失敗した明は、その後、主要な倭寇の拠点を制圧してその勢いを殺ぐことはできたものの、やはり政策変更を余儀なくされざるを得なかった。強硬策を取り下げて懐柔策に転じ、一五六七年に海禁を緩和して、貿易商人による私貿易を一部解禁することにした。その窓口として中国南部の広州を東南アジア方面への貿易港に指定した。その結果、倭寇が行っていた密貿易は、限定的ではあったが合法化されることになった。

ところが日本はこの海禁緩和の対象外とされ、引き続き窓口を閉ざされたままに置かれた。日本は倭寇の主要拠点とみなされていたが、日本の諸権力はその鎮圧に消極的であるのみならず、自ら加担している者すらいる、そう明からはみなされていたのである。こうして一五七〇年代以降、日本は中国の合法的な貿易相手から明確に排除された（それが後に豊臣秀吉の中国制圧構想にも影響を与えたかもしれない）。この日明間の没交渉は明が滅亡する一六四四年まで続いた。

明の日本排除をものともせず、引き続き中国と日本の密貿易を目論む冒険的な貿易商人もいただろうが、多くの貿易商人はリスクを避けて東南アジアを経由した中継貿易へと路線変更をしていった（南蛮貿易）。戦国大名は引き続き彼らのパトロンとなり、東南アジアでの貿易に乗り出した。その過程で、中国産品のみならず、東南アジアやヨーロッパの産品も日本へ多くもたらされるようになっていった。

戦国大名の貿易への参画については、ポルトガル人の日本来航の経緯を含めて、次節で具体的に取り上げたい。

2 日本とポルトガルとの邂逅

大市場中国

ここでは、石見銀山の開発によって日本の銀が東アジア経済全体に大きなインパクトをもたらすようになり倭寇が席捲《せっけん》する、一六世紀前半からの海域アジアにおける貿易事情に視野を広げてみてみよう。この時代は、いよいよ日本にヨーロッパ勢力が到達した時代でもあった。その点にも注目しながら述べていきたい。

一六世紀の半ばには、石見銀は東アジアをはじめ世界経済全体を席捲しつつあった。しかし日本列島内ではいまだ銭のみを貨幣としていたために、銀は貨幣としては普及せず、装飾品などに用いる微々たる需要しかなかった。そのため国内需要は低く、海外に比べて銀は相対的に安かったとみられ、大半が海外に流出した。

ところで、その銀の多くは、最終的にどこへ行ったのだろうか。ここで「大航海時代」という言葉がひらめいた読者は多いだろう。造船や航海技術の向上にともなって一五世紀から海洋進出を始めていたスペイン・ポルトガルを中心に、西欧各国が地球規模のネットワーク構築を希求しはじめるようになっていた。そして一六世紀に入ると、その手は東南アジア、そして東アジアへと伸びてきた。こうして世界は人的ネットワークが地球を一周する時代に入った。史上初めて「グローバル化」の時代を迎えたと言ってよいだろう。そうした華々しい歴史を知る読者の中には、このネットワークに乗った日本の銀がヨーロッパを席捲し、「金の国」ではなく「銀の国」日本のプレゼンスを高めたと想像をたくましくする向きもあるだろう。確かにそれは間違いではない。一六世紀後半以降は、少なくない量の石見銀がヨーロッパへ渡ったと考えられる。

しかしじつは、日本から流出した銀の大半が向かったのは、遠く離れたヨーロッパではなく、日本に近い当時世界一の巨大市場、中国であった。そもそもヨーロッパ勢力が東南アジアを経て東アジアに進出したのは、当地を主な産地とする香辛料（特に胡椒《こしょう》）に多大なる魅力を感じていたことも確かだとしても、その究極の目的には巨大市場中国でビジネスを成功させることがあったのだ。

ヨーロッパ勢のアジア貿易への進出

いち早く当地へ進出したヨーロッパ勢力であるポルトガルの事例をみてみよう。時計の針を戻して、ポルトガル勢力による東南アジアへの進出から話を始めたい。一五世紀から一六世紀初頭にかけてアフリカ西部の大西洋岸を南下し、アフリカ大陸最南端の喜望峰を経てアフリカ南東部のモザンビークを拠点として押さえたポルトガルは、インド洋を渡ってインド南西部のゴアを制圧した。ゴアは東アジア進出への足がかりとなると同時にイエズス会の布教拠点にもなっていた。後に日本を訪れたフランシスコ・ザビエルもまた、このゴアを拠点として東へ向かった。

一五一一年、ポルトガルは、インドと東南アジアとの貿易において最重要拠点だった貿易港マラッカ（ムラカとも。現在はマレーシア）を占領した。マラッカはマレー半島とスマトラ島（現在はインドネシア）に挟まれた海峡に面するマレー半島側の港湾都市で、ヨーロッパ勢力が訪れるずっと前からの要衝《ようしょう》だった。少し時代は下るが、一六世紀半ば頃に日本の貿易商人がマラッカまで交易のため来航していた記録もある。

『日本史』を著したことで知られるポルトガル人宣教師ルイス・フロイスの書簡によると、マラッカから日本へ向かおうとしたある船団が、シンガポール海峡付近で「日本の海賊船」と戦闘になったという。おそらくこの「海賊船」は単なる略奪集団ではなく、武装した日本の貿易船だったのだろう。アユタヤ（現在はタイ）やホイアン（現在はベトナム）のように、東南アジアのいくつかの貿易港で一七世紀前半に日本人町が形成されていたことは有名だが、その一〇〇年ほど前にすでに、東南アジアへビジネスチャンスを求めて赴いた日本人商人が多くいたのである。日本列島各地で、一六世紀後半の遺構で東南アジア産（主にベトナムとタイ産）の陶磁器の破片が多く出土して、東南アジアとの活発な貿易があったことを裏づけている。

マラッカを制圧したポルトガルは、その軍事力にものを言わせて、東南アジア貿易における優越性を確実なものとした。彼らが最も希求した現地の特産品は、先に触れたように香辛料であった。その主要産地であり、それゆえ「香料諸島」との別名を持つモルッカ（マルク）諸島（現在はインドネシア）で莫大な量の香辛料を調達し、それをヨーロッパへ持ち帰って巨万の富を築いた。一方アジア域内での中距離交易による利潤も追求するなか、アジア最大のマーケットである中国との貿易の実現が重要な目標となった。こうして一五一〇年代後半には、中国市場へと触手を伸ばし始めた。

ポルトガル、「倭寇」となる

しかし、事は思い通りには進まなかった。既述のように、当時の中国（明）が民間交易

（私貿易）を原則的にシャットアウトしていたからである。中国と貿易するには、日本と同様に冊封関係を結んで朝貢を行う必要があった（ポルトガルによる制圧前のマラッカ王国もまた、明朝との冊封関係を締結していた）。もちろん新たにアジアの市場に参入したばかりのポルトガルには、そのような外交関係を結ぶ準備はなかった。一五一七年には明朝へ使節を派遣して外交交渉を模索したようだが不調に終わった。そのためポルトガル勢力は正規ルートでの中国との貿易を諦め、密貿易に活路を見出すようになった。

じつは一五世紀半ば頃にはすでに華南沿岸部の福建《ふっけん》や広東《カントン》において、海禁を無視して海域アジアとの密貿易が行われるようになっていた。明が一五世紀半ば以降は財政難などの理由で朝貢を制限したため、密貿易はリスクをともないつつも極めて高い利潤（リターン）が得られる可能性が高まっていた。これが密貿易参入への動機づけ（インセンティブ）につながった。朝貢から排除されたポルトガル人たちもこの密貿易ネットワークへ参入するようになり、一五二〇年代に入ると、華南沿岸部の密貿易集団（後に彼らこそが「倭寇」と呼ばれる）と結託し、東南アジアとの外交窓口として栄えていた広州に近い現在のマカオ周辺を密貿易の拠点とした。

従来から華南沿岸部に盤踞《ばんきょ》していた密貿易集団には、ポルトガル人は商売敵となるはずであった。それなのに彼らを自らの縄張りとする商圏に受け入れたのは、彼らが持ち込む商品が魅力的だったからに他ならない。とりわけ注目を浴びた商品が火器（銃砲）だった。後に日本に伝わったあの火縄銃もその一種である。

中国ではすでに火薬が量産されており、火器も開発されていたが、密貿易集団には正規のルートでの入手は困難であった。ポルトガル人がもたらした西洋式の銃炮は、自ら身を守ることが欠かせない彼らにとって垂涎の的となっていた。特に「仏郎機（フランキ）」砲と呼ばれたやや小振りな大砲が珍重された。当時の中国ではポルトガル人をフランキと呼んだが（フランク族を意味するFrancoが語源）、それがそのまま大砲の名になっていた。フランキ砲は後に日本にも持ち込まれ、一五八〇年代に大友氏が対島津戦で用いたと伝わっている。

日本への注目

東シナ海・南シナ海をとりまく交易の場（海域アジア）は、ポルトガル人の参入によって多彩な人々が往来する場となった。だが石見銀発見前の日本は、じつのところ海域アジアの中ではそれほど魅力的な市場ではなかった。火山帯でもある九州や薩南《さつなん》諸島の硫黄島《いおうじま》（鹿児島県三島村）で産出される硫黄が火薬の原料として珍重されはしたが、中国から日本へ流入する莫大な量の陶磁器や絹製品、さらには東南アジア産の香木類（紫檀《したん》など）に比べれば、明らかに日本の産品は見劣りした。そのため日本は輸入超過（貿易赤字）となり、日本で貨幣として流通していた銭が、一定数、流出した可能性もある。

傍証になるか心許ないが、一五世紀後半には、実際に琉球へ銭が流出していた形跡が史料からはうかがえる。当然それは、その先の中国（あるいは東南アジア）で買いつけを果たすための資金と目されていたと思われる。一五世紀末期から日本の貨幣流通秩序のバランスが崩れていったのは、こういうところにも要因があったのかもしれない。

一六世紀の「大航海時代」にあって、その脇役としても微妙な位置に甘んじざるを得ず、日本はやや寂しい立場にあった。ところが石見銀の登場は、それまで大したものがなく、購買力の点でも見劣りしていた日本を、周囲の注目を集める魅力的な市場へと一変させた。すでに述べたように、採掘開始当初はおそらく技術的に途上にあったと考えられるため、採掘量や品質にばらつきがあったと思われるが、一五三〇年代以降は採掘量も品質も安定化したとみられる。一五四〇年代の日本へのポルトガル人来航は、供給も品質も安定化し、かつ比較的安価に手に入る石見銀をより安く買いつけるため、中間マージンを排して直接日本で入手しようとする動きが高まった結果であった。一五四八年のことではあるが、インドに拠点を構えるポルトガル人の間でも、すでに日本銀は知られていた。イエズス会士のニコラオ・ランチロットがポルトガル領インド提督だったガルシア・デ・サーに宛てた書翰には、次のように記されている（『イエズス会日本書翰集』七）。

「日本の商人達はシナ人達と取引きを行なっています。彼等は日本からシナに銀、武器及び硫黄や扇子を齎《もたら》し、シナからは硝石や多量の生糸を持って来ます。また同様に陶磁器、水銀及び麝香《じゃこう》の固り［を持って来ます］。日本人達はまたシナの下方、東にあるコレー（朝鮮）と呼ばれる別の人びととも取引きを行なっています。彼等はそこにも銀や貂《てん》の皮を持っていきますが、それは、同島（日本）にはそれが多量にあるからです。彼等はまた扇子をも持参し、そこ（朝鮮）からは綿布を将来してきます。（中略）彼（アンジロー）が言うところによると、この島のいくつもの地方に大量の銀があり、僅かではありますが、金山も幾つかあります。また多量の銅、鉛、錫《すず》、鉄があり、鋼鉄も非常に豊富にあります。また水銀若干量と硫黄がたくさんあります」

文中にあるように、これは当時ゴアにいた日本人アンジロー（ヤジローとも呼ばれる）の情報であった。彼は薩摩《さつま》国出身で、フランシスコ・ザビエルを日本へ招いた人物として知られている。アンジローは、後にザビエルを島津貴久《たかひさ》に引き合わせる。この一件は日本へのキリスト教伝来として日本史上きわめて重要な事件だが、当時の戦国大名の対外交易の具体的なイメージをつかむための貴重なエピソードでもある。そこで、多少脇道に逸れるが、まずはアンジローの半生を彼自身の語りから振り返り、ザビエルの日本来航と戦国大名との関わりをみていくことにしよう。

薩摩の人アンジロー

アンジロー自身の記した書翰(『イエズス会日本書翰集』一〇)によれば、彼は「ある理由」から薩摩で一人の男を殺害し、その罪から逃れるために寺院へ逃げ込んだ。この時、その地にはポルトガル商船が停泊しており、その船には、すでにアンジローの知人となっていたポルトガル人商人のアルヴァロ・ヴァスが乗船していた。ヴァスがアンジローを救うために海外への脱出を持ちかけ、アンジローは同じ港に停泊していたやはりポルトガル人のジョルジェ・アルヴァレスの船に乗り込み、マラッカへ逃れたという。

アンジロー自身は薩摩のどこで事件を起こしたのか、どの港から出航したのかは詳しく述べていない。一方、後にザビエルをともなって鹿児島へ到着した際には、アンジローは勝手知ったる振る舞いでザビエルを案内した様子がうかがえる。となると、彼は鹿児島出身であった可能性が高い。また、アンジロー自身が述べるように、ポルトガル人商人のヴァスとすでに知り合いだったことからすれば、そもそも彼自身も貿易に何らかの形で関わる人物であったのだろうと思われる。出自は不明だが、商人として生計を立てていたか、商人的な武士の関係者だったことが想定される。殺人事件後にアンジローが駆け込んだ寺院と、その後彼が出航した港のあった地は、薩摩半島南部で錦江湾《きんこう》口西岸に当たる山川《やまがわ》（鹿児島県指宿市）と推測されている。

ところで、錦江湾口周辺の諸港では、一五四〇年代に入ると貿易港としてポルトガル人が盛んに往来するようになっていた。錦江湾口において山川の対岸に当たる大隅《おおすみ》半島の小禰寝《こねじめ》（鹿児島県南大隅町）では、天文一三（一五四四）年に中国人貿易商人（これも倭寇すなわち密貿易商人だろう）とポルトガル人との紛争が勃発し、当地の領主が巻き込まれて戦死する事件があった。これについては、日本の史料のみならず、スペイン出身の貿易商人ペロ・ディエスも関連するとみられる記述を残している。それによると、次の通りである（岸野久『西欧人の日本発見』）。

「パタニ（現在はタイ国内にあるマレー半島東岸の港町）に住むチナ（中国）人の所有するジャンクがその（小禰寝）港にいた時、そこに何人かのポルトガル人がいたのであるが、そこへ一〇〇隻以上のチナ人のジャンクが互いにつなぎ合って襲ってきた。これに対し、五隻のジャンクにいたポルトガル人は四隻の小舟に三門の火砲と一六丁の鉄砲をもって応戦し、チナ人のジャンクを破壊し、多くの人々を殺した」

種子島への鉄炮伝来の一件も想起すれば、一五四〇年代にはすでに南九州の錦江湾へ多数の貿易船が来航していたことを想像するのも困難ではない。ペロ・ディエスによれば、日本の富は銀であり、莫大な量の鉄や銅もあったという。日本へ次々と来航する貿易商人が求めたのは、こうした品々であった。

　島津氏がこのような様子に無関心でいられたはずはないだろう。鹿児島県南部の沿岸地域における発掘調査から、当時の交易に島津氏が関わった様子が明らかにされている。たとえば薩摩半島西岸部に位置する串木野《くしきの》城（鹿児島県いちき串木野市）の発掘調査によると、城郭の内部から一六世紀半ばから後半に生産されたと目される福建漳州《しょうしゅう》窯の染付《そめつけ》の破片が出土している。ペロ・ディエスの情報にも登場する漳州は現在の中国福建省の中央部に当たり、一六世紀には貿易港として栄えていた。当時の密貿易の拠点とも目されている地である。この漳州からは、日本へ向けて大量の偽造（模鋳）銭がもたらされたともいわれている。漳州あるいはその周辺で生産された陶磁器が、直接かどうかはわからないが、南九州へもたらされていた（島津氏が重視する琉球からもたらされた可能性もある）。先にみたニコラオ・ランチロットの日本情報に、陶磁器の日本への流入を記していることからもそれはうかがえる。

　漳州産染付が出土した串木野城は、当時は島津氏の支配下にあった。島津氏は、海外からの文物を入手しうる環境にあったのだ。あるいは、島津氏が直接貿易商人と取引することで入手した文物を売却したり、家臣や小領主等へ分配したりして、富や権威を得ようとしたとも考えられる。貿易拠点となった諸港に関税を設定し、それを収入源ともしたであろう。

交易の場となる九州の諸港はすでに各地域権力（戦国大名）の支配下にあったから、彼らの許可あるいは庇護なくしては、そもそも貿易を行うことはできなかった。また、戦国大名にとっては、敵対大名の貿易拠点となる港湾を奪取することは、相手に大きなダメージを与えるのみならず、自らの財政規模＝軍事力拡大にとって最も効果的だった。だからこそ、大内氏と大友氏が博多を奪い合ったように、貿易拠点となる港でしばしば大名同士の争奪戦が繰り広げられていたのである。

島津氏には、貿易を遂行する上での強みがあった。海外で売れる特産品を持っていたことである。その商品とは、領内の硫黄島で豊富に産出していた例の硫黄であった。先述したように、中国ではすでに火器が重要な兵器として普及していたが、硫黄をほとんど産出しないため、海外からの輸入に頼っていた。その主産地の一つは東南アジアのジャワ島（現在のインドネシア）であったが、もう一つの重要な産地は九州から琉球にかけての島嶼《とうしょ》部で、特にこの硫黄島の産出量が突出していた。

ちなみに、硫黄島で産出された硫黄は、古くは一〇世紀にすでに日本の主要な輸出品となっていた。それは戦国時代になっても健在で、天文一六（一五四七）年に明へ「日本国王」使節を派遣した遣明使節（大内義隆《よしたか》が主導したものではあるが、正式な手続きにのっとった朝貢として位置づけられる事例）での献上品リストによると、硫黄一万斤が薩摩の「島津相模守」から提供され、薩摩半島西南端の貿易港だった坊津《ぼうのつ》（鹿児島県南さつま市）で受け渡されている。この島津相模守とは、貴久の父島津忠良《ただよし》である（「渡唐方進貢物諸色注文」）。硫黄島の硫黄は島津氏が支配する坊津へと運ばれ、そこに集う貿易商人たちによって海外に輸出されていった。すなわち、島津氏は領内で産出される硫黄を原資として、国内外から商人を引き寄せていたのである。一六世紀半ばに多くの石見銀が流入するようになると、その銀を求める海外の貿易商人をさらに南九州へと引き寄せることになった。

日本人最初のキリスト教徒

さて、再びアンジローに目を向けよう。アンジローを船に乗せたポルトガル人商人アルヴァレスは、かねてよりザビエルと友人関係にあった。彼自身は宣教師ではなかったが、自らの船でインドからアジアにかけての宣教師の移動をサポートすることも多かったのだろう。その過程でザビエルとも知り合ったのではないかと思われる。アンジローを乗せたアルヴァレスは、ザビエルに彼を引き合わせようと考えた。アンジローがキリスト教への帰依に意思を示していたことを知っていたためであろう。

とはいえ、アンジローを歓待したアルヴァレスにも、彼なりの思惑があったに違いない。貿易利潤の獲得である。日本キリスト教史家の岸野久氏は、ザビエルの日本招致に成功すれば、キリスト教徒の日本人が増え、ポルトガル人への親近感が向上して自らの貿易活動が有利に進められるという打算があったに違いないとしている。

このような思惑を抱きながら、アンジローを乗せたアルヴァレスの船はマラッカに到着した。ところがアンジローの妻が異教徒（仏教徒か）であったため、当地での洗礼を断られてしまった。本人はこのことへの感想は残していないが、ひどく落胆しただろう。アンジローは帰国を決意し、中国へ向かう船に乗った。到着したのが中国のどこだったのかはわからないが、マカオ周辺だったろうか。そこから日本へ向かったが、暴風雨に遮られ、マカオへ引き返すことになった。

キリスト教徒になるべきか迷っていたというアンジローは、マカオへ戻されたことを運命と悟ったらしい。そこで再会したヴァスにも勧められて、マラッカへ引き返した。そして再訪したマラッカでアルヴァレスから紹介されたのが、ザビエルであった。ザビエルの指示によって一五四八年三月にゴアに到着したアンジローは、ついに受洗し、パウロという洗礼名を受けた。この時、日本から随行していた下僕も同時に受洗した（洗礼名はジョアン）。ザビエルは、このアンジローがたどったルートに沿って、日本に来航することになった。東アジアと東南アジア、そしてインドまでを結ぶこのルートは、「大航海時代」にポルトガル人が訪れる以前からの大動脈であった。

ザビエル来日

このアンジローの熱心な招請によって、ザビエルは日本での布教を決意した。一五四九(天文一八)年、ついに鹿児島へ到達したザビエルは、アンジローとともに一宇治《いちうじ》城(鹿児島県日置市)で島津貴久と面会した。その様子はザビエル自身が記している(『イエズス会日本書翰集』二八)。アンジローはそもそも地元で罪を犯したために海外へ逃亡したのだから、領主との面会には危険を感じたろうし、非常に緊張しただろう。しかし貴久に彼を咎《とが》める素振りはいっさいなかったようで、むしろアンジローが話す異国での見聞に大いに関心を示したという。ザビエルとアンジローは鹿児島での布教許可を得たとみられ、アンジローは親戚らに熱心に教えを説いたという。

ところがザビエルの思惑は異なっていた。彼は「首都」京都を目指しており、アンジローの故郷とはいえ鹿児島には風待ちで立ち寄ったとの認識しかなかった。結果的に一年間鹿児島に滞在したものの、鹿児島での布教は思ったほどの成果がなく、島津貴久が引き留めるのを振り切って、翌一五五〇(天文一九)年に平戸に移動した。ザビエルを介したポルトガル商人との貿易に大きな期待を寄せた島津貴久は大いにがっかりしただろう。

このとき平戸には、すでにポルトガル人の乗った船一艘が停泊していたという（『イエズス会日本書翰集』四〇）。平戸に関わりのある人物が朝鮮へ銀を密輸しようとした事例をすでに紹介したが、これらの活動には平戸を支配していた松浦《まつら》氏が直接関わっていた可能性が高かった。松浦氏は、鎌倉時代から積極的に海上交易に活路を見出していた領主であり、「海の領主」とも呼ばれる。もちろん平和裏の交易も多く手がけたが、略奪行為もいとわない海賊集団を率いることもあり、当時の「倭寇」を構成する主要な集団の一つにもなっていただろう。

平戸から五島列島にかけての島々は直線距離にして日本から中国本土へ最も近い地域であり、遣唐使以来、中国へ渡るための主要ルートに位置していた。こうした地の利を持つ松浦氏は、一六世紀の日本と中国、そして朝鮮とを結ぶ密貿易において中心的な役割を果たしていた。当時の平戸は都市と呼べるほどの人口規模を誇っていたわけではなかったが、ザビエルがこの地を頼ったのは、貿易活動を通じて多くのキリスト教徒がすでに居住していたことへの安心感があったからかもしれない。

一方の島津貴久は、ザビエルらが去ったことに焦燥感を募らせた。むろん、キリスト教の布教が順調ではなかったためではなかった。ザビエルが去った後、島津氏領へのポルトガル船来航数が伸び悩むようになったからだった。同時期に明が倭寇討伐を推進して密貿易の摘発に乗り出したため、中国での需要が高い硫黄輸出が伸び悩んだためとみられる。

苦境を打開すべく、永禄四（一五六一）年に島津貴久は豊後国にいた宣教師コスモ・デ・トーレスを通じて、ゴアのイエズス会インド管区長に書状を送った。その内容からは、彼の焦りがよく伝わってくる（岸野久『ザビエルと日本』）。それによると、島津貴久はポルトガル人の来航を切望するが、それは貿易を推進するためであると貿易利権の獲得が主目的であることをあからさまに吐露している。オブラートに包んで話しても埒《らち》が明かないので、直接目的を伝えた方がよい、そう考えたのかもしれない。

この露骨な要求にイエズス会側がどんな反応を示したかは定かではないが、島津氏領国でその後、キリスト教の布教のみならずポルトガル人との貿易がそれほど活性化した様子がみられないことを考えると、島津貴久の「熱意」は残念ながら彼らには通じなかったのだろう。その後のキリスト教の布教およびポルトガル人による交易の中心は北九州へと移った。かくして島津氏は、島津義久への代替わりを機に北九州への進出が視野に入っていった。

ところで平戸はといえば、同じ頃に大事件が発生した。島津貴久が焦りの書状を送ったのと同じ永禄四年、ポルトガル人船長のフェルナン・デ・ソウザと日本人商人との間で絹布の取引をめぐるトラブルが発生し、平戸領主松浦隆信《たかのぶ》の手下らがソウザ以下を殺害したのである。松浦隆信は宣教師と和解して貿易断絶を食い止めようとしたが、宣教師トーレスは平戸での貿易に消極的な姿勢を示し、平戸の南方、西彼杵《にしそのぎ》半島の先端部にある、大村《おおむら》純忠《すみただ》が支配する肥前《ひぜん》国横瀬《よこせ》浦（長崎県西海市）へとポルトガル船は回航するようになった。

この思いも寄らぬ展開に大村氏が歓喜したことは言うまでもない。大村純忠は永禄六（一五六三）年に受洗してまでもポルトガル人を歓迎する意思を示したため、平戸に代わって横瀬浦が交易拠点となった。領内は大いに賑わったことだろう。大村氏に内紛があって横瀬浦が焼かれる事件も発生したが、大村純忠は領内の福田《ふくだ》浦（長崎県長崎市）へと貿易機能を移した。しかしここも失地回復を狙った松浦氏に襲撃されたため、元亀二（一五七一）年には、その近隣で湾奥に位置する良港長崎《ながさき》（長崎市）にさらに拠点を移した。これが、近世にかけて発展した貿易都市長崎の出発点である。

日本が求めたもの

以上のように、一五四〇年代の日本へのポルトガル人来航以後、九州の諸勢力は彼らとの貿易にまつわる利権をめぐって、激しい招致合戦を繰り広げることになった。貿易利権の獲得がその最大の理由だったが、ほかにも海外からの輸入品として期待するものがあった。鉄炮使用に必須となる火薬の原料として欠かせない硝石（焔硝）である。いち早く国産化に成功した鉄炮とは異なり、硝石は当時の日本では生産できなかったため、鉄炮の普及とともに硝石への需要が高騰した。ただし一六世紀後半になると硝石の生産技術が日本へも伝わって国産化が進んでいったようで、硝石の輸入の需要は低下した。

　それに代わって、大名が求める輸入品の中心は、奢侈品として古くから高い需要を誇っているために利鞘が大きかった陶磁器のほか、高品質の生糸などへと移っていった。これらの産品は自ら愛でるためだけのものではなかった。中央権力や大名への贈答によって権力基盤を安定化させようとしたり、家臣たちへの贈与によって自らへの求心力を高めるツールとして用いたりすることができた。そのため、権力者層たちから根強い需要があったのだ。

　また、当時の流行の影響も見逃せない。京都や堺を中心とした茶の湯の流行である。今井宗久や千宗易《せんそうえき》（利休《りきゅう》）に代表されるように、特に畿内最大の貿易拠点に成長した堺の貿易商人の間で茶の湯が流行したことはよく知られているが、彼らが珍重した海外産の道具類が、とりわけ高額で取り引きされることになった。しかしそれを供給していたのも輸入業者である当の茶人たちだった。このことを読者諸氏はどう感じられるだろうか。

　それはともかく、堺商人らによる茶の湯のプロモーションは成功し、織田信長のような権力者にも受け入れられたことで、茶の湯マーケットに購買力の高い権力者層が次々と参入していった。その結果、「名物」とされた茶器は凄まじく価格が高騰し、権力者たちによる争奪戦の様相を呈した。後に豊臣政権による貿易の一例として触れたいが、一六世紀末になると、海外では二束三文の日用品に過ぎない壺が、日本では茶道具の逸品として信じられないほどの高額で取り引きされるようになった。

このような一部コレクターによる熱狂は、現在でもよくあることだろう。たとえば、かつては大した価値を持たなかった玩具が、時間を経てコレクターの間で高額で遣り取りされるようになる。ある特定の時期に限って、いくつかの特定の品目へのいびつな高需要からその価格が高騰することはいつの時代にも起こりうる。流行をみればその時代の世相がわかるといえば単純な話になるが、戦国時代では、やはり茶の湯道具は当時の流行とそれにまつわるビジネスを考える上で重要なアイテムである。

3　南蛮貿易の展開と貨幣としての銀の成立

大友氏の活躍

石見銀山の開発が進むにつれて、日本での銀の扱いはどうなっていったのだろうか。次にこの問題を考える前に、話を再びザビエルの動向に戻したい。

ザビエルは平戸へ立ち寄った後、山口の大内義隆のもとへ向かった。義隆は山口での布教を容認し、拠点となる教会も提供したという。ザビエルはその後、上洛したものの期待したほどの芳《かんば》しい成果は得られず、一五五一（天文二〇）年、山口を経由した後に向かったのが大友義鎮《よししげ》（宗麟《そうりん》）の支配する豊後《ぶんご》国府内《ふない》（大分県大分市）だった。当時、府内にはポルトガル人商人ドゥアルテ・ダ・ガマの船が停泊しており、ザビエルはそれに乗ってゴアへ戻るところであった。

大友義鎮はザビエルの来訪を喜び引き留めようとしたが、それが叶わず落胆した。だが、間もなく転機がやってきた。大内義隆が重臣陶晴賢《すえはるかた》のクーデターによって命を落とし、山口が大混乱に陥ったのである（その数年後、大内氏は毛利氏によって滅ぼされた）。山口からは、滞在していた多くの宣教師が府内へ逃れてきた。義鎮は彼らを保護し、活動資金を援助して布教拠点を構えさせた。

大友氏は、相模国大友郷（神奈川県小田原市）を本拠とする鎌倉幕府御家人を出自とする。モンゴル襲来後に異国警固番役《いこくけいごばんやく》の任に当たるため、所領を得て豊後国へ移ったのが九州での活動の始まりであった。南北朝の内乱を経て、室町時代に入っても引き続き室町幕府から守護に任じられたことで、豊後国を中心とする支配を維持していた。

大友氏が室町から戦国時代にかけての九州の有力武家領主の一つであったことはいうまでもないが、幕府による対明外交の船団に加わるなど、対外貿易に積極的に関与していたことでも知られている。関連するエピソードとして、寛正六（一四六五）年の遣明船に乗船して明へ渡った雪舟等楊《せっしゅうとうよう》を、当時の当主大友親繁《ちかしげ》が府内へ招いたという逸話がある。戦国時代の大友氏の積極的な海外交流の素地は、このような歴代当主による活動によって育まれていったともいえるだろう。大友義鎮によるキリスト教宣教師の保護や、自ら受洗するような行動もまた、それまでの海外交流に対する純粋な敬意や関心の発露だったといえるのではないか。

進む国際交流

しかし当然ながら、大友氏も戦国大名として広域を支配しつつ、周辺の諸勢力と激しい支配領域の争奪戦を繰り広げていた。その現実を前にする時、義鎮の海外接触にもなんらかの打算があったとやはり認めざるを得ないだろう。それは当然ながら貿易による利潤、また輸入された物資そのものであり、物資とは、銃炮や弾丸、硝石など火器に関する品目であった。

大友氏には、海外交易への地の利があった。単に大陸に近かっただけでなく、島津氏と同様、領内に硫黄を産出することだった。大友氏領内の主な硫黄産地は二ヵ所ある。いずれも豊後を代表する火山帯上に位置するもので、由布《ゆふ》岳・鶴見《つるみ》岳・伽藍《がらん》岳（大分県由布市・別府市）と、くじゅう（久住・九重）連山（大分県竹田市・九重町）の硫黄山である。

惜しむらくは同時代史料が乏しいため、大友氏が硫黄生産にどこまで関わっていたかははっきりしない。しかし、重要な交易対象品目であるからには、何らかの形で管理していたことは確かだろう。証拠とまで断言できる自信はないが、それをうかがわせる徴候らしき事例はある。近年、戦国時代の大友氏居館跡の発掘調査が進められている。そこで発見された遺物によって、当主の暮らしぶりがよくわかるとともに、彼らが交易によって入手した物資にどんなものがあるかを知ることができる。

調査によると、発掘遺物の中に中国華南地方で生産された陶磁器の破片が多数含まれているほか、朝鮮や東南アジア（現在のタイ・ベトナム・ミャンマー）で生産された陶磁器片も確認されている。これらの陶磁器が豊後にもたらされたのは一六世紀中頃以降であるという。ザビエルが府内を訪れたのとほぼ同じ時期である。一五五〇年代になると、ポルトガル人商人も含めた貿易船が豊後へ到来していた事実が史料からもはっきりするので、早く見積もれば、一五四〇年代後半には豊後での貿易がすでに活発化していた可能性がある。

そうであれば、薩摩へ貿易商人（倭寇）が来航するようになった時期ともほぼ重なる。彼ら貿易商人の目的は主に銀であり、徐々にその需要が低下したとはいえ、豊後の硫黄も貿易商人を呼び寄せた可能性はあるだろう。こうして豊後は、急速に海外交易の一大拠点となった。多くの貿易商人が来航したのみならず、布教活動によってイエズス会宣教師も闊歩するようになり、人的にも物的にも国際化が進んでいった。

国際交流が進行すれば、地域経済にもそれが波及することが予想される。生活物資にまで直接、国際化が進んだのは大名当主やその周辺クラスに限られたかもしれないが、物資の取引に用いられる通貨に関しては、庶民に近い層にまで徐々に影響が及び始めた。豊後国内において、国際通貨であった銀が高額取引における貨幣として用いられるようになったのだ。その早い例は、イエズス会宣教師が大友義鎮から受けた援助にあらわれた。

大内氏滅亡直後の弘治三（一五五七）年一一月に府内へ逃れた宣教師コスモ・デ・トーレスは、大友義鎮から住居と毎年「五〇クルサド」の資金援助を与えられたと記している（『イエズス会士日本通信』上・二〇号）。クルサド（cruzado）は銀の単位で、一クルサドは日本では銀一〇匁（約三七・五グラム）に相当した。山口に滞在していた時には大内氏から銭（caxas）で援助を受けていたと記していることから、銭ではなく銀を受け取っていたことは間違いない。つまり、一五五〇年代の段階で、大友氏領内ではすでに銀が貨幣として通用していたことになるのである。その通用範囲は豊後国内でも限定的だったと思われるが、京都で銀が貨幣として用いられるようになるのは一五六〇年代後半からの可能性が高いので、それよりもかなり早かったことになる。

一五七〇年代に入ると、九州でより広汎に銀を貨幣として使用する事例がみられるようになり、大友氏領国内でも課税の一種である段銭を銀で納入する事例が確認できる。天正二（一五七四）年に、大友氏の支配領域に入っていた豊前国宇佐宮《うさ》（大分県宇佐市）は大友氏に段銭（一段当たり六五文）を納入する際に、取次役となった大友氏家臣に米などの礼物を贈った。その礼物の中に、本来は銭だったとみられるが、その代わりとして銀一七匁五分を贈った事例がある（「永弘文書」二八四一）。一五七〇年代になるとより明確に銀を支払いに使うようになっている。肥前国の龍造寺《りゅうぞうじ》氏領国においても同様で、一五七〇年代には銀が貨幣として普及していたことが明らかにされている。

激化する争奪戦

じつは、当時の大友氏の貿易の様子を実見した人物がいた。島津貴久の子で、当時の当主義久《よしひさ》の弟に当たる家久《いえひさ》である。彼は天正三（一五七五）年に京都や奈良などを訪問した帰りに日本海沿岸経由で平戸に立ち寄った。同年七月一三日に、家久は平戸に停泊していた「唐船」（貿易船）に乗船して見物したのだが、この船は「なんはん（南蛮）」から豊後殿への「進物」として虎の子四匹を積んでいた（「中務大輔家久公御上京日記」）。

南蛮とは東南アジアのことで、豊後殿はもちろん大友義鎮である。大友氏は険悪な島津氏領沿岸を通過するのをなるべく避け、おそらくは博多、そして平戸を経由して東シナ海を南下するルートで貿易を行っていたのだろう。イエズス会宣教師とポルトガル人商人の貿易利権を奪われた島津氏の一員として、それを最大限に活用しているライバル大友氏が貿易活動によって自らと鎬を削るための資金を貯えようとする様子を実見した家久の思いはいかなるものであっただろう。残念ながら、日記にその感想は記されていない。ただ虎の子を「珍しい」と評しているのみである。

島津氏と大友氏との貿易利権をめぐる争いの事例をもう一つ紹介しよう。天正七（一五七九）年、カンボジアから日本へ向かった船が、薩摩の港に寄港した（島津氏が拿捕《だほ》したとの見解もある）。島津氏が乗船者に尋問すると大友氏の所へ向かう船であることが明らかになった。これを知った当主の島津義久はカンボジア国王に国書を送り、自ら外交関係を結ぶことで大友氏が構築した貿易利権の横取りを図った。それが成功したかどうかははっきりしないが、このように、貿易利権の獲得をめぐって戦国大名自らが直接、外交交渉を行うような事態にまで発展していたのである。これは政治的にも重大な問題であり、後に豊臣秀吉が九州を平定した際に、九州の戦国大名による外交活動が問題視されることになった。

銀を通じ、世界へとつながってゆく日本

なお、石見銀を介した一六世紀後半の九州における貿易の活性化は、九州の貨幣流通秩序も大きく変えることになった。毛利・大友・島津などの大名同士の関係はつねに緊張をはらんでいたが、商人たちは貿易決済のために石見から九州各地へと銀を拡散させていたのである。その結果、一五五〇年代頃から九州では国内での取引にも銀が貨幣として用いられるようになっていった。銀が貨幣となったのは、中央権力や特定の権力者が使い始めたり、使わせるようになったりしたからではなく、市場（物流を支えた商人）による自律的

な活動の結果だったと見るべきだろう。権力者は、単にそれに追随したに過ぎない。

大内氏や尼子氏を滅ぼし、石見銀山を支配下に置いて最終的に中国の雄となった毛利氏領国でも九州からの影響で、徐々に銀が貨幣として用いられるようになっていった。尼子氏から銀山を奪取した直後の永禄五（一五六二）年、毛利氏は、対馬の宗氏を通じて朝鮮との交易を探るようになっていたが、その際に銀を宗氏に贈っている。自らが銀を大量に供給する主体となったことをアピールし、毛利氏との貿易を行うメリットを先方に知らせようとしたのだろう。

毛利氏によるこうした取引や交渉を現場で仲介していたのは、武器弾薬などさまざまな物資の調達に長けていた、商人としての顔も併せ持つ家臣たちであった。大内氏滅亡後に物流の要衝である関門海峡を支配した毛利氏は、その本州側の拠点、長門国赤間関に拠を構える堀立氏のほか佐甲《さこう》氏や伊藤《いとう》氏を家臣に従え、貿易交渉という重要な任務を彼らに与えた。彼らはすでにポルトガル人商人にも繋がる販路を築いていたと見られ、毛利氏の鉄炮や硝石調達に一役買っていた。銀は、その取引に使用された。

毛利氏領国では、石見銀山奪取後に軍事物資調達の用途以外にも、領内で銀が盛んに用いられるようになっていく。パフォーマンスに過ぎないといえなくもないが、石見銀山を朝廷へ寄進して、それによって毛利氏の支配が正当化された（毛利氏は、朝廷の代官として支配する正当性を標榜《ひょうぼう》した）。その後、毛利氏から朝廷や幕府に対して銀で贈答を行う事例が見られるようになる。これが京都への銀の大量流入をもたらすことにもなった。

一五六〇年代後半には、今度は毛利氏から厳島《いつくしま》神社（広島県廿日市市）に銀が寄進されるようになった。そのほか周辺領主との贈答にも銀が用いられるようになる。例えば、毛利氏と友好関係を築いていた伊予河野《こうの》氏への贈答に銀を用いていた様子がうかがえる。毛利氏と同様、河野氏も多くの海賊衆を従える領主であり、彼ら海賊衆は博多から瀬戸内海にかけての物流を担う商人としての活動も行っていた。毛利氏はそのようなネットワークに期待したのだろう。こうして特に西日本では、一五六〇年代以降、急速に銀が贈答や取引の媒体として浸透していった。

以上、見てきたように、石見銀の流通が刺激となって一五四〇年代以降の九州各地で貿易活動が活発化し、一大貿易ブームが巻き起こった。それは有力大名に限らず、松浦氏や大村氏など比較的小さな領主にも参画のインセンティブをもたらした。ほかには、肥後《ひご》国南部を支配する相良《さがら》氏もまた、貿易船を仕立てて貿易に乗り出そうとした。

貿易の決済通貨として用いられた銀はそれまでの日本では貨幣としては用いられていなかったが、このような貿易活性化にともなって、一五五〇年代頃から九州では銀が貨幣として用いられるようになった。このことは、銀という貨幣を通じて日本の国内経済と世界的な対外交易とが直接リンクしたことを意味する。それが九州における経済の活性化をもたらしたことは間違いないが、逆に国外における政治・経済リスクを直接、蒙《こうむ》ることにもつながった。朝鮮出兵によって一六世紀末期から日本も大きく関わることになったこのリスクが、結果的にその後の日本経済を開放的な体制から閉鎖的な体制へと向かわせることになったといえるだろう。

4 豊臣政権下での貿易

「バテレン追放令」の真意

天正一〇（一五八二）年六月の本能寺の変で織田信長が斃《たお》れた後、後継者争奪戦を最終的に制した豊臣（羽柴）秀吉は京都を掌握した。天正一三（一五八五）年七月には関白に就任し、天下統一への歩みを進めていく。翌天正一四（一五八六）年に徳川家康を服属させると、東への憂いが遠のいた機に乗じて、毛利氏や長宗我部《ちようそかべ》氏を帰属させた後、九州制圧に乗り出した。その頃、九州では島津氏が大友氏らを斥けて覇権を築いていたが、天正一五（一五八七）年に秀吉は島津氏をついに降伏に追い込んで、九州全域を支配下に置くことになった。そして同年六月には、博多に対して、諸問・諸座の禁止（諸々の特権排除）、地子銭の免除などを命じた掟を発布している（『豊臣秀吉文書集』二二六〇）。九州制圧の過程で博多が被災したためその復興を図ったもので、楽市令に類似した法令とみることもできるだろう。

この過程で秀吉が見聞したのは、九州の大名がキリスト教宣教師や貿易商人などの海外勢力と自由な交流を行い、加えて東南アジアの国家と独自に外交交渉までも行うような実態であった。日本の最高権力者を自任していたであろう秀吉には看過しがたい事態だったに違いない。そこで秀吉は、博多復興の法令と同じ頃に「海賊禁止令」と呼ばれる法令を発した。この法令の直接の目的は、瀬戸内海に縄張りを持つ村上《むらかみ》氏ら「海賊衆」と呼ばれる海上勢力から船舶の通行税徴収などの諸権益を剝奪したり、肥前国で商船の略奪をしばしば行っていた肥前国深堀《ふかほり》（長崎県長崎市）の深堀氏を討滅したりして海上交通の円滑化を図るものだった。かねてより堺の貿易商人やポルトガル人商人らから要望を受けていた事柄でもあったようだが、これにより、商業・軍事双方において物流が活性化した。しかし、海上の安全保障と利権を掌握することにもまして、諸大名の自由な海上交易活動を規制することのほうが真のねらいであったと思《おぼ》しい。

一方で、同じ六月には別の法令も発布した。いわゆる「バテレン追放令」である。キリスト教信徒個々の信仰は自由としたものの、宣教師は「大唐・南蛮・高麗へ日本仁《じん》を売遣」している、つまり中国・東南アジア・朝鮮へ日本人の人身売買を行っていること、仏法を敵視して神社仏閣を破壊させるよう信徒を扇動したこと、牛馬を食することまでも問題視して、宣教師の国外退去を通告した。一方、「黒船之儀」すなわちポルトガル船の来航については、商売に専念する限り歓迎する姿勢を示している（『豊臣秀吉文書集』二二四三〜二二四五）。この内容はイエズス会日本準管区長だったガスパル・コエリョに通告されて、イエズス会側の史料にも記録されている。

秀吉がこのような法令を発した理由は、専門家によってすでにいくつか示されているが、たとえば次のようなものがある。キリシタン大名として知られる高山右近《たかやまうこん》が領民に改宗を強制して領内の神社仏閣を破壊していたこと、長崎など一部の地域が実質的に教会領となっていたこと、宣教師が活発に活動していた肥前国周辺は伊勢御師《おし》の布教圏と競合しており、伊勢神宮から宣教師追放の強い要望があったこと、などである。また、キリスト教の定着がポルトガル（あるいはスペイン）による植民地化へといたることを秀吉が恐れたためと推測されることもある。

しかし秀吉の意図はほかにもあったのではないか。この法令には日本が「神国」であることを標榜した条文もある。すなわち日本は「神国」としての一体性を持つ国家であり、九州も当然その範囲内である。そのことを九州の大名に再確認させるねらいがここにはあったのではないだろうか。海外の諸勢力と大名とが独自に交渉することは、日本の国家権力が有する外交権を侵すものであり、最高権力者たる秀吉には看過しがたい事態だったのだろう。

宣教師の追放を命じながら、キリスト教自体は禁止しなかったり、貿易利潤を重視したためにキリスト教信徒でもあるポルトガル人商人の来航はむしろ奨励するというように、秀吉のキリスト教政策は一見、支離滅裂に見えることもよく知られている。そのことは、この法令の真の目的がキリスト教そのものに対する敵視ではなかったことを示しているのだろう。

以後、貿易は「許可制」に

天正一八(一五九〇)年に東日本も平定して「天下統一」を果たした秀吉が、朝鮮侵攻へと向かったことは周知の通りである。明が日本に対して窓口を固く閉ざしていたことへの苛立ちもその背景にはあった。中国との外交(と貿易)に行き詰まった秀吉は、その目を九州の諸大名が進出していた東南アジアに向けるようになった。

九州制圧によって外交権を独占した秀吉は、一五九〇年代に入ると、一五七一年以降スペイン領となっていたルソン島のマニラなどに充てて、強圧的な態度で服属と貿易を求めた。もっとも秀吉のこの夜郎自大《やろうじだい》な服属要求自体はけんもほろろな扱いを受け、結局、秀吉の死でうやむやになったのだが。

外交では散々だった豊臣政権だが、東南アジアとの貿易は依然として活況を呈していた。九州南部にあり、東南アジアに最も近い薩摩《さつま》・大隅《おおすみ》両国では、マニラを往来する貿易商人や、おそらくは中国からの密貿易商人の来航が再び増加していった。大友義統《よしむね》（吉統）の改易《かいえき》によって大友氏が没落した影響が大きかったとみられるが、島津氏の熱意が報われたのだろう。中には海賊船も含まれていたようで（倭寇と同様、密貿易と海賊とは表裏一体ともいえる）、豊臣政権はしばしば島津氏に海賊の取り締まりを求めていた。

とはいえ、貿易商人や九州の大名は、もはや自由気ままには貿易できなくなっていた。秀吉から、外交権掌握の一環として、商人や諸大名の貿易活動が許可制に切り替えられたからである。許可証は秀吉の朱印が捺《お》されたため「朱印状《しゅいんじょう》」と呼ばれたが、それを所持しないと海外への渡航は不可とされた。朱印状を所持する貿易船は朱印船と呼ばれた。この外交・貿易政策は、徳川家康にも継承されることとなる（朱印船貿易）。一例を挙げると、天正一九（一五九一）年に島津義久は弟の家久に対し、「渡唐船の儀御朱印の事」について様子を尋ねる書状を出している（『島津家文書』一四四四）。島津氏とて、朱印状がなければ正式な貿易が許されない状態になっていたことがうかがえる。

豊臣政権が積極的に関わった貿易の様子をうかがえる例として、肥後北半国を支配していた加藤《かとう》清正《きよまさ》のマニラとの交易を見てみよう。清正は朝鮮侵攻に際して主力として転戦した人物として知られるが、同時にマニラとの貿易を積極的に進めていたことが最近、明らかになっている。

朝鮮での戦争のさなかの文禄二（一五九三）年、清正は国元にあてて、貿易船（中国商人のジャンク船）を仕立てるように命じている。船は物資を買いつけるための銀、派遣先で売却する大量の小麦粉などを搭載してマニラへ向かった。麦は東南アジアでは栽培がむずかしいところから、マニラに滞在するスペイン人らのパンの材料となったのだろう。日本産の小麦への需要は高かったとみられる。

一方、清正は何を調達しようとしたのか。一つには、戦国時代を通じて中国や東南アジアから日本へ大量に輸入され、高い利潤をもたらしていた、生糸や絹織物などの絹製品があげられる。また、中国や東南アジア（ベトナムやタイなど）の陶磁器も依然、魅力的だった。しかしじつは、それよりももっと渇望される商品があった。鉛である。鉛は鉄炮玉の原料となる軍需物資だが、当時の日本ではほとんど産出できなかった。そのため、潤沢な埋蔵量を誇るシャム（現在のタイ）のソントー鉱山からマニラなどを通じて盛んに輸入されていた。

これは清正ひとりの意向ではなく、朝鮮で戦線を展開する豊臣政権全体にとって重要だったに違いない。このことから、政権が東南アジアとの交易をいかに重視したかがわかるだろう。清正が派遣した貿易船には、豊臣秀吉に近い貿易商人である原田喜右衛門《はらだきえもん》の配下の者が乗っていたことも知られている。このことも、この貿易船派遣に豊臣政権が深く関与したことを裏づけている。

「ルソン壺」——つくられたブーム

ちなみに、このほかに原田喜右衛門にまつわる興味深いエピソードがある。当時、突如として日本で珍重されるようになっていた、「ルソン壺」と呼ばれる壺（真壺《まつぼ》とも呼ばれる）の輸入に関わっていた形跡のあることである。

「ルソン壺」は、その名の通り、ルソン島（マニラ）から日本へ輸入された陶器の壺だが、もともとは一二世紀頃に中国南部で焼かれていた日用品の壺だったと推定されている。造りも粗雑で、雑器《ぞうき》として流通していたとみられる。ところが、一五九〇年代の日本では、この壺が思いも寄らぬ高値で取り引きされるようになった。たとえば小瀬甫庵《おぜほあん》による『太閤記《たいこうき》』は、加藤清正が船を派遣したのと同じ文禄二年のものとして、次のようなエピソードを取り上げている。

「文禄二年に泉州堺津の菜屋《なや》助右衛門《すけえもん》という町人がルソンへ渡航し、唐の傘《カラカサ》・蠟燭一〇〇〇挺・麝香二匹を秀吉へ献上したが、秀吉は真壺五〇個を見てことのほか機嫌が良くなった。大坂城西之丸の広間に並べて、千宗易（利休）らと相談して、上中下のランクに分けて値段を付けて、所望する者たちは持っていけと仰せになった。三つを残して売れてしまったが残りの三つは秀吉が金を支払って買い取った。助右衛門は五・六日の間に大金持ちとなった」

この時代に詳しい読者には違和感があるだろう。そう、千利休は天正一九（一五九一）年に切腹し、この時にはすでに鬼籍に入っている。よって、この記事を事実とすることはできない。

とはいえ、ルソン壺（真壺）が秀吉のお気に入りであったことや、諸大名らが競って驚くような高値で買い取ったという話は、まったくの創作と切り捨てることもできない。ルソン壺が当時どれほどの価格で取り引きされていたかを関連史料で探ると、あながち虚構ともいえない様子がうかがえるからである。次にみてみよう。

文禄三（一五九四）年一二月、石田《いしだ》三成《みつなり》らが京都でルソン壺を売却し、それを前田《まえだ》玄以《げんい》に報告した史料がある。そこに書かれた金額をみると、合計で金一三枚四両（一三四両）

にも達している。この時、売却した壺の総数はわからないが、別の史料によると、高価なものでは壺一個で金四九両の価格がつけられていたことがわかっている（「組屋文書」八・九）。当時の金一両は銭二〇貫文程度で、米にすると二〇〜三〇石にはなったのではないかと考えられる。つまり銭にすると一〇〇〇貫文近く、米では一〇〇〇石以上に相当する（現在の価値にすれば六〇〇〇万〜七〇〇〇万円にもなる）。

日用品の壺がこれほどの高値で取り引きされたとは、にわかには信じがたいことである。そもそもマニラでは二束三文で売っている壺なので、このような過熱に目を付けた日本の貿易商人は、ルソン壺を求めてマニラに殺到し、あっという間に漁り尽くしてしまった。当時のマニラを統治していたアントニオ・デ・モルガは、その様子を次のように記している（『フィリピン諸島誌』）。

「このルソン島、特に、マニラ、パンパンガ、パンガシナン及びイロコス諸州においては、原住民の間に、非常に古い土器の壺が発見される。色は褐色で、外観はよくなく、あるものは中型で他のものはもっと小さく、しるしがあり押印してあるが、どこから来たものかいつ頃来たものか誰も説明できない。というのは、今はもう、どこからも到来せず、また島でも作られていないからである。日本人はこの壺を探し求め尊重しているが、それは、日本人が非常な御馳走として薬用として熱くして飲む茶という草の根が、日本の王や諸侯の間では、この壺にのみ貯え保存されることを知ったからである。日本ではいたるところで、この壺が大変に尊重されており、彼らの奥の間や寝室における最も高価な宝物とされている。この壺の値段は高く、日本人は、その外側を大変に美しい細工を施した薄い金で飾り、金襴《きんらん》の袋に入れておく。中には、一一レアル貨で二〇〇〇タエ（タエル）に評価され売られるものもあり、物によってはそれ以下のものもあるが、ひびが入っていても、欠けていても中に茶を保存するのに不都合ではないので、それによって価値が下がることはない。これら諸島の原住民は、それらの壺を出来るだけ良い値で日本人に売ると共に、この商売のために壺を探すのに一生懸命になっているが、今までにあまり急いで売ってしまったので、今ではもうほとんどなくなってしまっている」

日本の外からは狂気の沙汰としか見えなかっただろう。いるはずのない千利休が登場した先の『太閤記』のエピソードも踏まえると、この壺がなぜ珍重されたかもおおよそ見当がつく。この時期に権力者の間で流行した茶の湯の名器として、ルソン壺がにわかに脚光を浴びたのである。利休が主導した当時の侘茶《わびちゃ》は雑器に価値を与えることがあったが、ルソン壺はまさにその一つとなり、権力者層の争奪戦となったのだ。後世の人間からすれば酔狂としか思えないが、ブームというのはたいていそういうものだろう。

あるいは、豊臣政権と千利休らお抱えの茶人（そして彼らは貿易商人である）らが、雑器を高値で売り捌《さば》くべく茶の湯ブームを創作したと疑う向きもある。価格を釣り上げられた安物の壺は、豊臣政権から諸大名へと売られていった。その逆はない。石田三成が報告したような莫大な額の金は、諸大名から吸い上げられた上、当然、政権の懐へすべて消えていった。そう考えると、秀吉主従が意図的にこのような現象を生み出したと考えたくもなってくる。ただそれは陰謀論として一笑に付されるかもしれないが。

一六世紀の日本と東南アジアとの交易は、このような熱狂的なブームを巻き起こしながら、一七世紀前半にかけて続いていた。しかし、一六世紀まで貿易商人が主導権を握った交易から、諸大名から利権を奪い独占を図った江戸幕府による一元的な管理貿易（朱印船貿易）へと、貿易のあり方は徐々にシフトしていった。その果てにあるのが、いわゆる「鎖国」である。

第七章　混乱する銭の経済——織田信長上洛以前の貨幣

戦国時代、社会は内乱により大混乱をきたしたが、それまで経済を支えていた秩序もまた大きく変化した。なかでも貨幣に対しては、流通が目に見えて混乱を深めるようになると大名も対応を迫られた。というのも、戦国大名の財政はすでに貨幣をベースにしていたので、秩序の混乱を無視できなかったからだった。そこで本章では、経済活動に欠かせないお金(貨幣)を通して、戦国時代の経済秩序がなぜ、そのように変化したのか、またそれに対して戦国大名はどう対応しようとしたかを詳しくみていきたい。

ちなみに、日本に金属貨幣が現れたのは七世紀後半(飛鳥時代)であり、八世紀初頭に朝廷が自ら和同開珎《わどうかいちん》を発行したことによって金属貨幣が徐々に普及していった。しかし平安時代に貨幣鋳造はいったん途絶え、一二世紀後半(平安末期)に中国から持ち込まれた銭(渡来銭《とらいせん》という)が普及したことで、中世に貨幣が定着した。朝廷や幕府は銭に対して何らの統制も行わず、流通秩序は民間(市場)によって自律的に維持されていた。その秩序は一五世紀半ばまではおおむね安定していた。それがその後どうなったかを次にみていこう。なお、これから述べるように、永禄一一(一五六八)年の織田信長による京都上洛の時期が、奇《く》しくも貨幣の秩序を大きく変える分水嶺《ぶんすいれい》となった。そのため、信長上洛以前と以後とで章を分けることにしたい。

1 「悪銭」の登場

銭不足という問題

安定していた貨幣の秩序に一五世紀後半、暗雲が垂れこめはじめる。原因は、中国から渡来した銭を貨幣とした点にあった。つまり、供給機能が日本にはなかったことがその根本的な問題であった。

この頃の明は、北方の北元《ほくげん》などの勢力との戦乱による財政難から、銭の鋳造をほぼ停止していた。一方、軍事費調達目的で紙幣を乱発したため国内での信用が崩壊し、国際通貨として安定していた銀が国内でも貨幣として流通するようになった。ただし銀は高額貨幣のため、日常取引では小額貨幣の銭が依然として大量に必要だった。しかし明は銭の追加供給を行わなかったので、たちまち銭不足になってしまった。特に経済が発達していた浙江・福建など中国華南沿岸部では銭不足を補うために、市場で銭が偽造され（模鋳銭《もちゅうせん》と呼ぶ）、大量に出回るようになった。その結果、粗悪なものも含めて雑多な銭が同時に流通し、銭の選別（揀銭《かんせん》）による商取引のトラブルが頻発した。

供給元の中国ですら銭不足に陥った以上、日本もすぐさま銭不足になった。明は民間貿易や中国人の海外渡航を原則的に禁止していたため（海禁政策）、日本は外交（朝貢貿易）を通じて銭を入手するか、琉球経由、あるいは密貿易によって銭を入手するしかなかった。ところが外交・琉球ルートは明の鋳造停止によって途絶えたため、華南沿岸部からの模鋳銭密輸入がほぼ唯一の銭の供給手段となった。しかし、当然ながらそれだけで十分な量を確保できるはずもなく、銭不足は解消しなかった。

それに追い討ちをかけたのが、日本での内乱勃発である。一四五〇年代には関東が混乱に陥っていたが、応仁元（一四六七）年に首都京都で勃発した応仁の乱がやはり重大だった。社会が深刻な混乱に見舞われただけでなく、戦争には消費を刺激する側面もあることから銭不足に追い討ちをかけたのである。

乱の後は各地に地域権力（戦国大名）が勃興し、それぞれの支配領域（領国という）で経済が活性化した（たとえば各地で城郭が建設され、城下町が発達した）。結果として地方での貨幣需要を増大させたが、銭の供給は見込めず、やはり銭不足が深刻化した。

忌避される明銭

中国からの流入のみでは十分な量の銭を供給できなかったので、日本でも銭の偽造（模鋳）が始まった。その鋳造量の規模を推測することはむずかしいが、京都や博多、堺で銭の鋳型が発掘されている。それによると、模鋳銭や、文字のない、無文銭《むもんせん》と呼ばれる銭が鋳造されていた痕跡がある。土地柄を考えると、偽造を主導したのは商人だったのだろう。

日本でも模鋳銭が徐々に増加していったが、中国と同様にそれがトラブルを引き起こすのも必然であった。一四八〇年代になると、「悪銭《あくせん》」と呼ばれる銭の受け取りをめぐるトラブルが発生するようになった。「悪銭」というと粗悪な銭と思い込みがちだが、当時の「悪銭」問題の深刻さは、必ずしも偽造された粗悪銭だけが「悪銭」と呼ばれたわけではなかったところにあった。それを示す例として、戦国大名大内氏が発布した銭の統制に関する法令をみてみよう（「大内氏掟書」六一・六二条）。現代語訳すると次の通りである。

①　銭を撰ぶ事

段銭の事は、長年そうしてきたように、撰銭して納めることは当然であるが、納税者への宥免策《ゆうめんさく》として、銭一〇〇文のうち永楽通宝《えいらくつうほう》・宣徳《せんとく》通宝を最大二〇文まで加えて納めてもよいことにした。

②　貸借や売買に使う銭の事

身分の上下や年齢を問わず、永楽通宝・宣徳通宝は撰銭して排除してはならない。「さかい銭」・洪武《こうぶ》通宝（「なわ切」）・「うちひらめ（打平）」の三種は撰銭して排除してもよい。ただし、このように定めたからといって、永楽通宝・宣徳通宝のみで支払いをしてはならない。銭一〇〇文の内に、永楽通宝・宣徳通宝を三〇文入れて使いなさい。

この法令は文明一七（一四八五）年四月に大内氏の家臣が同氏の領国内を対象として出したものである。銭の選別に関わるルールを定めたこのような法令は、撰銭令（あるいは撰銭禁令）と呼ばれている。この撰銭令は明応九（一五〇〇）年に初めて発布した室町幕府のそれにも先行し、日本で最も早い事例とされている。

①の内容に注目しよう。これによると、一〇〇文の銭のうち、永楽通宝と宣徳通宝は最大二〇枚まで入れたものを一つの束として、段銭として納入してもよいという。②は日常取引に使う銭の規定だが、やはりここでも永楽通宝と宣徳通宝は排除せずに使用せよと命じている。

永楽通宝と宣徳通宝は、いずれも一五世紀前半に明が鋳造した正規の銭（明銭）で、品質も優れていたとされている。つまり、一四世紀後半に明が初めて鋳造した洪武通宝を含めて、中国から日本へ〝公的ルートで〟流入した銭であった。ところが、②にあるように、大内氏領国では洪武通宝は「悪銭」として排除が認められていた。一方、永楽通宝と宣徳通宝のほうは、排除しないように命じている。つまり、当時の領国内では、やはりこの二種も「悪銭」として受け取りを拒否されていたのだろう。大内氏はそれを強制的に使用させようとしたのである。これらも排除されてしまうと、銭不足がより深刻化するからだろう。

室町幕府の撰銭令においても使用を強制していることから、明銭忌避の風潮は京都でも同じで、すなわち西日本においてはおおむね一般的な傾向だったようである（ただし、南九州だけは逆に明銭、特に洪武通宝が好まれていた形跡がある）。つまり、「悪銭」といっても、正規の鋳造銭、しかも最も新しい銭がむしろ嫌われることもあったことになるのだ。こうなっては、どれが貨幣として通用してどれが通用しないのかがはっきりとせず、現場としては、大いに混乱したと思われる。

不信の連鎖

なぜ、明銭は忌避されたのだろうか。それは、明銭がむしろ新しいからだと考えられている。内乱で社会不安が蔓延《まんえん》していた当時の日本にあって、なるべく安全に資産を貯えておきたいという思いは平時よりも高まっていた。当時の貯蓄手段は銭に限られていたが、中でも長年の流通実績と流通量を有する旧来の渡来銭（多くは北宋《ほくそう》の時代のものなので、北宋銭と呼ぶ）がより安全な金融資産として珍重されていた。こうして人々には北宋銭を受け取りたいという欲求が強く働く一方で、流通実績も流通量も相対的に乏しく北宋銭ほどの信用を得られていなかった明銭は敬遠され、忌避されるようになったのだ。

大内氏の撰銭令における明銭の位置づけも、領国での明銭忌避に拍車を掛けたとみられる。①で段銭は二〇パーセントの永楽・宣徳通宝の混入を認めた一方、②の市場での流通ではそれを三〇パーセントとするようにというように、そもそも大内氏自身がなるべく明銭を受け取りたくなかったのだから、敏感な市場に伝わらないはずはないだろう。

大内氏の撰銭令を皮切りに、室町幕府や他の大名たちもしばしば撰銭令を発布するようになった。先述のように、中世では貨幣の流通秩序は市場が自律的に維持していたが、権力が撰銭令を発布するようになったことにより、それまでの権力と貨幣との関係は大きく変わることになった。秩序の安定化を市場に委ねてしまうそれまでの態度を改め、権力が主体的にその統制に乗りだそうとしたのである。貨幣政策に無関心だった権力は、ここで明らかに変質した。後に江戸幕府が貨幣統制に積極的に乗り出したことからも、この変化が中世から近世への時代の移り変わりを示す大きな指標であったことがわかるだろう。

とはいえ、人々が大名の命令に素直に従ったかといえば、そうでもなかった。むしろ排除を命じられていながら、市場では「悪銭」が貨幣として流通することもしばしばであった。大内氏の支配下にあった豊前国について、次のような史料がある。現代語訳して紹介しよう（「大内氏掟書」一四四条）。なお、これは豊前国各地を統治する大内氏の家臣たちに向けて、通達されたものである。

「豊前国における悪銭の事については、近年の法令によって使用を禁止したにもかかわらず、しばしば法を犯して用いようとする者がいる。あまつさえ、去年以来、悪銭の使用が特にはびこっているとのことである。もってのほかである。結局のところ、このような行為は違法であるのみならず、貴賤を問わず人々の生計を危うくしようとするものである。そのため、市中の売買の場において悪銭を用いた者がいれば、見つけ次第身柄を拘束して悪銭は押収し、あなたたち（家臣）の所へ連絡させなさい」

これは、延徳四（明応元、一四九二）年三月に出された通達である。「近年の法令」とは、先に見た文明一七年の撰銭令のことである。すなわち当時の豊前国では、悪銭とされる銭が使われていたのである。おそらくは使わざるを得ないほどの銭不足に見舞われていたのだろう。「去年以来」とあることから、つねに悪銭が使用されていたわけではなく、時期や季節などにより銭の需要が高まった時に悪銭が増加したとみられている。このように、権力が強制しても使用を忌避されたり、逆に使用を禁止しても流通するなど、現場の混乱はいよいよ深刻になっていた。権力が介入したとしても容易に解決しなかったことがわかる。貨幣秩序の混乱は、一六世紀にかけて各地に拡散していったのだ。

2　列島に広がる撰銭

甲斐国都留郡の場合

貨幣は当然ながら商品流通と表裏一体の存在なので、貨幣の混乱は商品流通の混乱に直結した。一六世紀前半の甲斐国都留《つる》郡（「郡内」と呼ばれた。山梨県富士吉田市周辺）の地域動静を記録した年代記として知られる「勝山記」（「常在寺衆年代記」「妙法寺記」などとも呼ばれる）から、その様子を具体的にみてみよう。

当地で最初に銭の秩序に問題が生じたことが記録されたのは、永正九（一五一二）年であった。この年は前年の凶作により「去年より売買無し」の状態になっていた。また、年初の大雪で物流が滞り、物資供給が不足気味だったことも物価高騰に拍車を掛けたとみられる。それに加えて「銭を撰《え》る」行為が横行したため、銭不足になっていた。このことも売買の停滞に影響を与えていただろう。常識的に考えれば、銭不足が進行すれば物価下落、つまりデフレを誘発するはずだが、逆に物価が上昇したということは、それ以上に物資不足が深刻だったということだろう。

翌永正一〇（一五一三）年にも相変わらず撰銭が続いていたようだが、豊作により一転、物価は下落したようである。「勝山記」の記主は、「銭を固く撰るので、売買（の価格）はことのほか安かった」と述べている。物はあるが銭がなく、買おうにも買えない状態になったのだろう。つまり今度こそはデフレである。その翌年の永正一一（一五一四）年も、引き続き穏やかな気候に恵まれて供給が安定していたとみられ「価格がことごとく安い」という状態だったが、「銭を撰るので、支払いに詰まる」ことになったという。物価は下がっていたものの、撰銭の横行によりやはり銭不足になっていたのである。物価の下落はさらにその翌年まで続き、撰銭も収まらなかったと記されている。

永正一三（一五一六）年になると、一変して作柄が凶作になったとみられ、特に大麦の価格が上昇したらしい。しかも甲斐武田氏と駿河今川氏の関係が険悪になったことで駿河国との流通路が封鎖され、物流が滞ったため、郡内地域で物資が不足して、さらに物価を押し上げた。ところがこの年も撰銭は収まらず、銭不足が深刻化していたという。

こうしてみると、物資の価格変動と銭供給との関係は、必ずしも互いに影響し合うものとは限らず、両者がつねに連動していたというわけでもなさそうである。「勝山記」によると、都留郡一帯で撰銭が激化する時期が、このほかにもいくつか記録されているが、ひとたび撰銭が蔓延すると、数年にわたって撰銭が継続する傾向のあることが、すでに先行研究によって指摘されている。永正九年から同一三年の五年間をみてもわかるように、撰銭が継続した期間にも物価は上下動を繰り返しているので、当時の物価変動には貨幣供給よりも物資供給の多寡の方が多大な影響を与える傾向にあったのだろうと思われる。現在の経済では、物価変動に貨幣供給が影響を与えるのは常識とされているが、当時の、ましてやいち地方の零細な市場においては、それが当てはまるとは限らない場合もあった、そう考えた方がよさそうだ。

経済法則は矛盾する?

この事例に関連して気になるのは、戦国大名が徴収する諸役と物価の関係である。貫高制を採用する諸大名は、その多くが銭を徴収していた。一方で徴収対象となる領民は、多くが米作を主とする農業生産者だった。諸役納入のためには、生産した農産物(主に米)を売却して、貨幣たる銭に交換しなければならない。

そうであれば、少なくとも当時の米価は、大名にであれ領民にであれ、重大な関心事になっていたはずである。ところが諸大名の収取の実態を見ると、作柄の豊凶による物価変動は当然ながら重視する一方、物価に貨幣流通が与える影響を斟酌《しんしゃく》した様子はほとんど、というかまったくといってよいほどみられない。すなわち、「勝山記」の事例でみたように、当時の人々には、貨幣流通量と物価は相関しないという感覚が経験的に身についていたのかもしれない。

しかしそれは、撰銭が社会問題化しつつも、銭の価値が極端に変動することはなかったらしい、一六世紀前半までのことである。例えば価値が従前の半分以下にまで落ち込むような（つまり銭に対する米価がつねにかつての二倍を超えるような）、社会の許容範囲を超える銭の価値変動が起きた時には、従来の徴収システムでは機能不全に陥った。実はそれが一六世紀後半の日本に訪れることとなのだが、次節ではそのことを見ていきたい。

3　倭寇と銭

銭不足はつづく

先にみたように、一五四〇年代以降の明による倭寇討伐は、東アジア経済に小さくない影響を及ぼした。中国から輸入された銭を主要貨幣として用いてきた日本も、その影響を受けていた。次にそのことを見ていきたい。

一六世紀半ばまでは、悪銭の問題が生じたり、石見銀山の開発が進んだりということはあったが、それでも日本列島内部では銀を貨幣とせず、引き続き中国由来の渡来銭を唯一の貨幣として使用していた（かつて日本で正規に鋳造された古代銭貨〈和同開珎など〉等も混じることはあったが、ごく少数である）。また一六世紀になっても、北宋銭が、流通する銭の九〇パーセント程度を占めていた。北宋時代の一一世紀に他の時代を圧倒的に凌ぐ規模の量の銭を鋳造したためだが、その存在感は五〇〇年経っても変わらなかった。実際に、日本での発掘調査で見つかる銭は、一六世紀まではつねに北宋銭が圧倒的な比率を占めている。近年では同時期の東南アジア（主に現在のベトナム沿岸部やジャワ島）で流通していた銭の調査も進みつつあるが、ほぼ同様の傾向を示している。

しかし、さすがに鋳造されて五〇〇年も経つ戦国時代になると、後の時代に偽造された模鋳銭が多く混じっていた。戦国時代の銭の発掘事例からは、偽造されたものがかなりの割合で含まれる事例が紹介されている。

当時の日本でニセモノの銭が多かったのは、中国でも同様だったからである。当然ながら、そもそも政府が銭を鋳造しない日本では、中国以上に銭不足が深刻化しやすかった。また、すでに銀が貨幣になっていた中国と異なり、日本では銭は唯一の備蓄手段にもなっていたため（埋蔵銭は主に貯蓄された銭である）、死蔵され、流通量がつねに不足しやすい状況にあった。

こうして戦国時代、日本はつねに銭不足に悩まされることになっていたが、一五四〇年代には、銭不足がやや緩和したと見られている。近年の研究によれば、主に華南沿岸部の福建で模鋳された銭の多くが日本に流入した可能性が高いためとされている。それはなぜか。

解く鍵は倭寇の活動、そして先に見たポルトガル商人の来航による貿易の活性化にある。当時の中国側の史料には、この頃、日本では銭の需要が非常に高かったと記されている。貿易関係者の間には、日本へ銭を持ち込めば儲かるという知識が流布していた。実際に同じ記録では、倭寇が密貿易によって銭を中国から持ち出していたと明記されている。日本に来航する貿易商人たちは、陶磁器や生糸と並んで、銭もできる限り持ち込んでいたようである。

日本の状況を見ると、一五四〇年代前半は銭不足の深刻化によってか、幕府などが突如として撰銭令を頻繁に発布したが、一五四〇年代後半にはその動きも止まった。これは、中国からの銭の流入量が増加して、混乱の原因となっていた悪銭が流通から駆逐されたためと考えられている。

考古資料も参照しよう。当時埋められたとされている、三河国の山間部に当たる現在の愛知県豊根《とよね》村で見つかった一括《いっかつ》出土銭は、北宋銭の約九割が偽物（模鋳銭）であることが判明している。残念ながらその生産地まではわからないが、中国の福建で鋳造されたものであった可能性は高いだろう。

銀への切り替えへ

ところが、日本への銭の流入は長続きしなかった。一五五〇年代になると明が倭寇討伐を積極的に進めるようになったため、少なくとも中国からの銭の直接流入は減少した可能性が高い。リスクの高い中国と日本との密貿易を避ける商人が徐々に増加したのだろう。また、東南アジアを経由すれば比較的安全に日本へ銭を持ち込むことは可能だったが、コストに見合わなかったのだろう。日本への輸出品は利鞘が大きい陶磁器や生糸などの奢侈品により依存する一方、コストの上昇した銭の流入量は低下した。

その結果、一五五〇年代の日本では銭不足が再び深刻化した。その影響は一五六〇年代になると、とりわけ顕著になってゆく。先に触れたように、九州では、一五五〇年代に銀を貨幣として用いる動きが出はじめたが、それには銭不足の影響もあった。銭不足は特に高額取引に支障を来すため、貿易決済通貨でもあり、高額取引に最適な銀が貿易の盛んな九州で先んじて貨幣として流通するようになったのだ。銀の「貨幣化」は、その後、西日本で徐々に進行していった。

4　深刻化する銭不足――一五六〇年代の異変

デッドロック

一五六〇年代は、戦国時代に興味を持つ人々には最も関心のある時期といってよいだろう。織田信長が今川義元を討ち取った衝撃的な事件（桶狭間の戦い）を皮切りとして、信長の上洛戦が実行に移されたのがまさにこの時期である。そして、その周辺では、武田信玄と上杉謙信が信濃北部で激突し（川中島《かわなかじま》の戦い）、関東では北条氏が他を圧倒する勢力を構築した。また西に目を転じれば、大内氏に代わって毛利元就が中国地方で覇を唱え、先に触れたように九州ではアジアとの交易によって富を築いた大名が登場する。エピソードには事欠かない時期だが、日本経済を支えてきた唯一の貨幣である銭についても、大きな異変が生じていた。

その異変に影響を与えたのは、先に見た中国による海禁の一部緩和であった。これにより、日本との密貿易に関わっていた倭寇の多くは東南アジアへの合法的貿易にその活動をシフトした。そのため日本への模鋳銭の流入も、さらに大きく減少しただろう。そこで予想されるのは日本での銭不足の一層の深刻化だが、それを具体的に見ていきたい。なお、日本といっても地域ごとの事情は異なる。まずは関東の事例を少し時代を遡って見てみよう。

関東に覇権を築いた北条氏は、天文一九(一五五〇)年に税制改革を行ったが、そこでは、「御法度の四種類の悪銭」を排除するよう、領内相模国磯部《いそべ》(神奈川県相模原市)の代官や百姓に命じている(『戦国遺文後北条氏編』三七三)。「御法度」の具体的な内容を記した史料は残念ながら残っていないが、八年前の天文一一(一五四二)年に出された幕府撰銭令では排除の対象となった銭は三種類であり(京銭・うちひらめ・われ〈割〉銭。「室町幕府法・追加法」四八六条)、四種類を挙げる北条氏の「御法度」は、幕府の法令とは異なる内容であったことがわかる。四種類が具体的に何を指すかはわからないが、自らの支配下で、北条氏は独自の貨幣政策に基づいて撰銭に関する法令を発布していたのである。

翌天文二〇(一五五一)年には、「悪銭」の対象は「大かけ」・「大ひゝき」(割れた銭か)・「打ひらめ」の三種に変更された(『戦国遺文後北条氏編』四一七)。しかしこれも幕府の規定とは異なる、北条氏独自の法令である。畿内を支配する幕府の法令と、関東の広域を支配する北条氏の法令が、同時に別の内容で施行されていたことは、同じ日本列島内でも地域によってどれを悪銭として排除するかの定義が異なっていたことを示している。つまり畿内と関東とでは、銭の流通秩序が異なっていたのである。各地に独立的な地域権力（戦国大名）が誕生した結果、流通する貨幣の秩序も地域ごとに異なるようになったのだ。

永禄元年（一五五八）にも北条氏は銭使用のガイドラインを改定した。従来の良質な渡来銭を「古銭」とし、若干品質が劣る銭を「地悪銭」あるいは「中銭」とし、一〇〇文の緡《さし》に「地悪銭」を二〇枚程度までは加えても良いが、三〇枚入れるのは「曲事《くせごと》」（違反）とされた（『戦国遺文後北条氏編』五八〇・六三三）。潤沢に銭が流通していればおそらく貨幣とはみなされなかったであろう劣化した銭が、多少価値を落とす形ではあったが貨幣と規定されたのだ。日本列島の中でも中国からより遠い東日本では、流入の減少による銭不足の影響が徐々に深刻化していったのだ。

このように度重なる対応を採っていたにもかかわらず、一五六〇年代、ついに行き詰まる。永禄七（一五六四）年頃には過度な撰銭で百姓が迷惑を蒙っているので、段銭は米での代納を認めるよう、品川《しながわ》（東京都品川区）の代官に通達している（『戦国遺文後北条氏編』八六三）。百姓が納める銭が代官らに厳しくチェック（撰銭）されることに納入者である百姓が反発した。銭不足で支払いに使用する銭の劣化が進行した結果とみられる。誰しも良い銭は、なるべく手元に置いておきたいものだからだ。

銭から米へ

北条氏は段銭に限って米の代納を容認したが、銭流通回復の見込みはなかった。ついに永禄一一（一五六八）年、領内で一様に「精銭」（＝「古銭」）が「手詰」の状態に陥り（『戦国遺文後北条氏編』一〇九〇）、段銭以外の諸役についても、銭以外（黄金・米など）での代納を認めざるをえなくなった。百姓が銭を納めようにも、その銭がまともに手に入らなかったのだ。北条氏の領国経営は貫高制に基づき、銭を徴収することによって成り立っていたが、その銭が不足してしまい、税制の土台を大きく揺るがすことになったのだった。

対応を余儀なくされた北条氏は、銭の代替として、主たる収取対象を米に変更した。米は何より兵糧として、軍需物資の最重要品目であった。そのこともあり、つねに周囲との紛争を抱えていた北条氏にとっても、米を直接収取するほうが現実的だったのだろう。こうして、北条氏は銭建ての税制である貫高制を名目的には維持しつつも、実際にはその価値に応じた米を徴収する方針へと転換するに至った。

その結果、米は徴収対象となったにとどまらず、一五七〇年代以降には、北条氏からの各種支払いにも米が充てられることが多くなった。その際、支払いに充てられた米は「兵粮（兵糧）」と呼ばれた。実質的に、北条氏領国では米が貨幣として使用されるようになった。

とはいえ、一五七〇年代以降の北条氏領国で銭が完全に消滅したかといえば、そうではなかった。銭の流通も細々と続いていたが、それまでとは異なる呼び名が普及した。それが、「永楽銭」である。その呼び名から永楽通宝を指すと推定され、北条氏は正規の銭を永楽通宝のみに限定したと考えられている。永楽通宝といえば、西日本では忌避された明銭である。それが、関東で高価値が与えられたことにより、西から東へと永楽通宝が大量に持ち込まれることになった。しかし、それでも北条氏領国の銭不足は解消しなかった。

次に畿内周辺をみてみよう。永禄九（一五六六）年、前年に将軍足利義輝《よしてる》を暗殺した三《み》好《よし》三人衆（三好宗渭《そうい》・三好長逸《ながやす》・石成友通《いわなりともみち》）らは、「上京中洛外」に充てて撰銭令を発布した（『中世法制史料集』第五巻六一五）。それによると、排除の対象として、「せんとく」（宣徳）・「しんせん」（新銭）・「こうふ」（洪武）・「ゑみやう」（恵明。どのような銭なのかは不明）・「われ銭」・「かけ銭」が挙げられている。天文一一年の法令とは対象が明らかに異なっているが、なかでも洪武通宝と宣徳通宝の二種の明銭が新たに排除対象となっているのが特徴的である。銭不足にありながら、京都周辺での明銭の嫌われぶりは際立っていた。

一方、永楽通宝は排除の対象には含まれていない。奈良の興福寺などでは一五四〇年代に永楽通宝の使用を禁じるなど、やはり畿内周辺では嫌われ続けた銭だったのだが。これについて高木久史氏は、永楽通宝の通用を許さなければ売買が成立しないほどの銭不足を権力側が懸念したためと推測している。永楽通宝は他の明銭に比べて流通量が多いため、京都では使用を禁止できなかったのだろう。実際に発掘調査等によっても永楽通宝の出土数は多く、すべての渡来銭のなかでも全体の五パーセント程度を占めている。洪武通宝は約二パーセント、宣徳通宝に至っては〇・一パーセント程度に過ぎないので、永楽通宝を排除するリスクは相当大きかったはずである。

近隣の近江国では、琵琶湖北部を領域としていた浅井長政が、同じ永禄九年に撰銭令を発布している（『中世法制史料集』第五巻六二八）。それによると、排除の対象としたのは「ワれ」と「うちひらめ」、「文字のなき」の三種であった。「文字のなき」とは、各地でしばしば見られた、表裏ともに文字のない私鋳銭＝「無文銭」だろう。明銭はここでは排除対象とはされておらず、明らかに京都の撰銭令とは異なっている。琵琶湖北部地域は京都に近いとはいえ銭の流通量は多くはなく、排除対象を最低限に抑える必要があったらしい。前記の関東の状況からもわかるように、周縁地域ほど銭不足が深刻化していたのである。結局、近江国では、永禄一一（一五六八）年頃から土地価格が銭建てから米建てで表記されるようになっていく。すぐさま米で支払われるようになったことを意味するわけではないとしても、銭不足の影響による変化とみて間違いないだろう。

日本列島各地で政治情勢が激変する一五六〇年代は、同じく貨幣の流通秩序が大きく揺さぶられる時代でもあった。その大きな歴史変動期において、中央政局に颯爽《さつそう》と登場したのが、あの織田信長である。彼が京都周辺の貨幣流通秩序にどのような影響を及ぼしたかについて、章を改めてみていきたい。

第八章　銭から米へ——金・銀・米の「貨幣化」と税制改革

1　織田信長の上洛と貨幣秩序の再編

「みかじめ料」？

永禄一一（一五六八）年九月、織田信長がいよいよ京都へ上洛するその直前から、京都の状況をみてみよう。

当時の代表的な公家の日記の一つ、山科言継《やましなときつぐ》の日記（『言継卿記』）によると、永禄一一年二月七日の記事に、足利義栄《よしひで》の将軍宣下《せんげ》の費用の支給がされた際、その銭が「悪物」であるとして朝廷の関係者が受け取りを拒否したことが問題となったと記されている（『言継卿記』同日条）。この費用の出所はおそらく義栄の後ろ盾となっていた三好三人衆ではないかと思われるが、畿内を拠点とする彼らのような勢力からの献金ですら、悪銭によるトラブルが起きていたことがわかる。

もっともこの頃の悪銭は、市場では低い価値とされながらも貨幣として流通していた。同年一〇月一一日には、宮中に仕える女中の部局である長橋局《ながはしのつぼね》（勾当内侍《こうとうないし》）から言継へ、衣裳を染色した代金として銭一貫文が支払われた。しかしこの銭が「悪物」だったので、実際には一貫五〇〇文にして支払ったという（前掲書同日条）。このことから、「悪物」は本来の銭（精銭）の三分の二の価値で流通していたことがわかる。それでも朝廷の内部では市場よりも銭の選別が厳格で、しばしば公家は「悪物」の受け取りを拒否している。金額も含め、何かにつけとかく先例を重視する集団だけに、時勢に沿った柔軟な対応にはつねに消極的だった。そういう点で、公家たちの経済感覚はやはり鈍かった。

同年九月、岐阜を発した織田信長は、足利義昭を奉じて上洛作戦を開始、当時、京都を支配していた三好三人衆をあっという間に蹴《け》散《ち》らした。同月末に上洛を果たした信長の軍勢は、内紛により三好三人衆と敵対していた三好義継《よしつぐ》や松永久秀《ひさひで》・久通《ひさみち》父子らの帰順に勢いを得て、翌一〇月のうちには畿内の大半を勢力下に置くことに成功した。

信長の電撃戦によって瞬く間に畿内各地は戦渦に巻き込まれたわけで、巻き込まれた側としてはたまったものではなかった。座視していては、混乱に紛れた略奪にたちまち見舞われてしまうだろう。特に寺社は比較的多くの資財を蓄えており、また、防護柵などに用いる戦時物資として珍重された竹が境内に多く繁っていた。戦時にはこれらが格好のターゲットになるのである。

多くの寺社や、富裕な人々が多く住んでいる市町は、迫る略奪を避けるため、地域での安全を保障するお墨付き（禁制と呼ぶ）を征服者から得ようと躍起になった。禁制が与えられれば、境内での略奪行為は犯罪として処罰の対象となる。その抑止効果を期待してのことだった。禁制の内容は、主に境内への侵入、乱暴狼藉《ろうぜき》（略奪等）の禁止、竹木の伐採禁止などを自軍に課すものとしておおよそ共通している。しかし、この禁制はタダでもらえるわけではなかった。金額が表に出るケースは少ないが、少なくない額の献金を征服者に支払うことで初めて得ることができた。征服者の側には、これが戦時における貴重な財源となっていた。

むろん信長とて例外ではなかった。それどころか、この上洛戦に際しては、当時の常識からしても法外と言ってよいほど高額の献金を信長側から要求するケースがまま見られた。この献金は矢銭《やせん》あるいは家銭と呼ばれ、軍資金への協力という名目となっていたようだが、足利義昭が正親町《おおぎまち》天皇から将軍職の宣下を受ける際の儀式遂行費用にも充てられた。信長にとっては、この費用調達と支出とが、彼が京都を支配する正当性を獲得するための対価でもあった。京都経営に参画する経費というわけである。

具体的にその様子を見てみよう。後世の記録ではあるが「細川両家記」によると、境内の安全保障のためとして、大坂の本願寺に銭五〇〇〇貫文の献金を要求したとある。また貿易港の堺には二万貫文の矢銭を要求したという。現在の価値にすれば一五億円に近い巨額である。堺はその要求を一度は拒否し、織田軍の来襲に備えて防備を固めるほどだったが、抗しきれず最終的には支払ったようだ。一方、大和の法隆寺は、松永久秀を通じて一〇月六日に家銭として銀一五〇枚を求められた。

金の場合、一枚は一〇両を指す（大判の形状にして一枚という意味）。銀も同じだとすると、一五〇枚は一五〇〇両になる。一両はおよそ四・五匁に相当するので、一五〇〇両は六七五〇匁（＝六貫七五〇匁）となる。そして一匁は約三・七五グラムなので（ちなみに五円玉の重さはちょうど一匁である）、一両は一六・八七五グラムとなる。つまりこの時、要求された銀一五〇枚の重さは約二五キログラム強に相当する。

さらに法隆寺は、一一月末に堺に米を運んだ上で、それを銀一六貫（約四三キログラム）に換えて「札銭《さつせん》」（禁制発給の費用）として献金するよう要求された（「法隆寺文書」）。札銭は銭にして六〇〇貫文に相当したという（銀一匁＝銭三七・五文のレートとなる）。こちらは現在の価値で四〇〇〇万円前後に相当し、法隆寺には過分な負担だったようだが、境内での乱暴狼藉を避けるためには仕方なかったとされている。しかしこの結果、各種法事の費用にも事欠くありさまとなった。

信長、大恥をかく

一方、信長は、同年一〇月八日に朝廷へ銭「万疋」を献上した（『言継卿記』同日条）。この信長の大盤振る舞いを、商業活動を把握したことによる財力の反映と見る向きもあるが、その財源の多くは上記のような、寺社等からの強引な取り立てによるものであった。

この「万疋」は、京都制圧を受けて同月一八日に足利義昭が正式に将軍宣下を受けた際、その費用として公家衆に配られた。義昭の晴れの舞台はすべて信長の出費によってまかなわれたが、信長にとっても自らの上洛作戦の成功と、彼が庇護《ひご》した義昭の将軍就任を飾るにふさわしい華々しいフィナーレをプロデュースしたつもりだったはずである。

この献金は、義昭の将軍宣下以外にも、資金不足で滞っていた朝廷の各種行事費用へとすぐさま分配されたらしく、正親町天皇の後継と目されていた誠仁《さねひと》親王の元服の費用としても用いられた。元服の装束準備に当たっていた山科言継は、一〇月一一日にさっそく朝廷から装束の染色費用を受け取った。ところが、その経費一〇〇疋（一貫文）が「悪物」だったので、一五〇疋（一貫五〇〇文）を出してもらったと記録している（この件はすでに触れた通りである）。また、言継の別の記録によると、信長が献上した「万疋」のうち三〇〇貫文は「一向悪物」だったので、ほかのさまざまな費用については「悪物」一〇貫文分を精銭七貫文と同価値として計算し、「悪物」の額面で配ったという（「言継卿記別記」）。このことから、公家衆には「悪物」であっても、やはり市場では、本来の銭（精銭）の三分の二程度の価値で貨幣として流通していたことがわかる。

当然、受け取れるはずだと思っていた精銭ではなく、下々が市井で普段、つかっている「悪物」を渡された公家衆は、上洛間もない信長に対して、はたしてどのような感想を抱いたのだろうか。信長は圧倒的な武力をもって上洛し、意気揚々と朝廷に資金援助を行った、だがその渡された銭は悪銭だらけだった。間違いなく悪銭は信長の面目を丸潰しにした。

同じ一〇月に挙行された義昭の将軍宣下の費用として配られた銭にも、「もってのほかの悪物」で、とても受け取れるものではないと朝廷の事務方からクレームが入ったという書状も残っている（「鎌倉将軍以来宣下文書」）。

そうであるなら、信長は公家衆に悪銭としてそっぽを向かれるような銭をまんまとつかまされたことになる。もちろん実際に流通している貨幣なので、支払った側に非難されるいわれはないのだが、公家衆の思わぬ反応に信長は戸惑ったのではないだろうか。公家衆は、都のこともろくに知らずに悪銭をつかまされた田舎侍と信長を見下したことだろう。

このように、一五六〇年代後半になると、朝廷周辺でも悪銭と呼ばれる銭がしばしばトラブルを引き起こしていたのだから、京都を中心とする畿内市場での銭の流通の実態が変わりつつあったことは確かだろう。そしてその原因は、先にみたような海域アジア情勢の変化による供給の停滞であった可能性が高い。銭の需給が逼迫《ひっぱく》し、従来は廃棄されていたような粗悪銭までも使用せざるを得なくなり、その結果、ほんとうに貨幣として通用するのかどうかをめぐるトラブルになっていたのである。

信長の撰銭令

信長にとって、先の悪銭の一件は屈辱だったに違いない。翌永禄一二（一五六九）年二月には義昭が朝廷へ参内を果たしたが、その費用として今度は銭ではなく米を朝廷に献上している。前回の失敗がよほど気に障ったのだろう。信長は生涯にわたって京都に滞在する期間が短かったが、それは京都の公家社会への遠慮があったためだとする見方がある。上洛直後のこの一件も影響していたのかもしれない。

米を朝廷に送ったのと同じ二月二八日、信長は貨幣史において重要な銭に関する法令を京都に発布した。それが信長による撰銭令である。京都の市中に充てた条文は次の通りである（『中世法制史料集』第五巻六八五。なお、ほぼ同内容の法令を同年三月一日に摂津国の四天王寺《してんのう》〈大阪市〉境内に充てて発布している）。

①「ころ」（洪武通宝の模鋳銭か）・焼け銭・宣徳通宝は、二枚で一文とせよ。

②「恵明」・大欠け・割れ・磨りは、五枚で一文とせよ。

③「うちひらめ」・「なんきん」は、一〇枚で一文とせよ。

このほかの銭は精銭（一枚で一文）としなさい。

④段銭・地子銭や諸公事などの役銭・金銀・唐物（中国からの輸入品）・絹布・質物・五穀以下の穀物、このほか諸商売においては、その時の相場に従い、①〜③の規定に基づいて銭で支払いなさい。付則として、銭を受け取る側は、規定に反した勝手な銭の選別によって価格をつり上げてはならない。

⑤④における銭の取り交わしについては、精銭と「増銭」（①〜③の銭）を半分ずつで支払いなさい。ただしこのほかの銭の取り交わしについては、当事者間で自由に判断しなさい。

⑥悪銭の買取は堅く禁止する。

⑦撰銭の規定に違反した者の処罰が決まる前に、その者の所に押し入って狼藉を働いた者は、現場となった町の者が取り押さえて報告しなさい。見逃した場合には同罪とする。

右の規定を堅く制定した。もし違反した者があれば、その名前を記録して報告しなさい。権力者に仕える者であっても、処罰されることになる。このように下知する。

なお、この法令には過料の規定も追記されているが、次の通りである。

a　一文単位の売買での違反については、過料は一〇文とする。
b　一〇文単位での違反は、過料は一〇〇文とする。
c　一〇〇文以上については、過料は違反対象額と同額とする。

かなり細かい金額の過料まで規定されていることから、ごく庶民的な一般取引にまで介入しようとしていたことが読み取れる。価値を落としながらも実際、貨幣として流通していた銭を献金したのに、「悪物」として公家から門前払いされたことへの遺恨がにじみ出た内容と読むのは穿《うが》ちすぎだろうか。①〜③の条文にみられる銭が、まさに「悪物」とされた銭だが、信長が条文の形でこれを合法化し、かつその遵守を権力者層にも強要していることから、意趣返しと読むことはやはり許されるのではないだろうか。

意欲的な内容だが……

動機はさておき、この撰銭令は並々ならぬ意欲をもって発せられたらしい。というのも、これまで室町幕府などがたびたび発布していた撰銭令とは大きく内容が異なっており、明らかに先例の踏襲ではないからだ。そのポイントはやはり、①〜③の条文である。過去に京都で出された撰銭令では、対象とされる銭は時期によって異なっていたとはいえ、貨幣として用いられる銭とそうでない銭を定義するという内容においては一貫していた。ところがこの信長の撰銭令は、それとは異なり、銭の価値をいくつかに分類して定義している点に特徴がある。

すでに触れたように、これは市場での銭の使われ方を踏まえたものと考えられるが、銭の価値をいくつかに分類するというあり方は、じつは一六世紀前半の日本各地で見られる現象であった。そのことからすれば、それをはっきりと明文化した信長のこの撰銭令は、これまでにない非常に画期的な法令であり、市場の動向を踏まえようとした現実的な内容だったと評価することができる。この信長の撰銭令は、じつはかつて、非現実的な内容とされ、経済効果についてネガティヴな評価しか与えられてこなかったが、そのような評価は酷だったとしなければならないだろう。

とはいえ、かつての低評価にも、それなりの理由があった。この信長の撰銭令が実際にはどの程度、守られていたのか史料から確認することができないので、その実効性が少々心許ないのだ。先の撰銭令が発布されて約半月後の三月一六日付で、京都上京《かみぎょう》に充てて発布した追加令がある（『中世法制史料集』第五巻六八七）。それは次の通りである（便宜上、先の法令に続けて⑧からとする）。

⑧　米を使って売買してはならない。

⑨　糸・薬を一〇斤以上、緞子《どんす》を一〇反以上、茶碗道具を一〇〇個以上取り引きする場合は、金銀を使って商売してもよい。ただし、金銀がない場合は、法令に定めた「善銭」（精銭）で支払いなさい。その他の唐物もこれに準じる。このほかの取引は、すべて法令に定めた銭を使いなさい。しかし、対象外の品物について隠れて金銀で売買をしたならば、重く処罰する。なお、金は一〇両を銭一五貫文として、銀は一〇両を銭二貫文として計算しなさい。

⑩　祠堂《しどう》銭（寺院による金貸し）・質物の銭・諸商売や民間の貸借については、法令に定めた銭を使って返済しなさい。ただし、金銀を借用した場合は、同量の金銀で返済してもよい。付則として、金銀がない場合は、法令で定めた通りの銭を使いなさい。

⑪　見世棚《みせだな》（店舗）の商品について、法令が発布されたことによって売り惜しみして少しでもしまい込んでしまった者は、末代まで信長の分国中での商売を禁止する。付則として、諸商売に際しての金銀の両替を禁止する。そして、買い手は支払いに充てられる金銀については、好みによってどちらかを要求してはならない。

⑫　大小によらず荷物や商品の取引について法令に背く者がいれば、役人に通報して確かめなさい。もし不審な者だった場合は、その者の荷物をすべて役人に引き渡しなさい。

⑬　過料は、一文から一〇〇文の違反は、一貫文とする。一〇〇文（原文では「百疋」＝一貫文とあるが、正しくは「百文」あるいは「百銭」か）以上の違反は、一〇貫文とする。その他の事例はこれに準じなさい。

⑭　法令に違反した者がいれば、その町の内で処分しなさい。その町だけで処分できない場合は、その町の属する惣町《そうまち》が同心して処分しなさい。それでもむずかしい場合は、その旨を注進しなさい。法令に背いた者を知らせてきた者には、褒美《ほうび》として銭五貫文を与える。

これまで多くの研究者に注目されてきたのは、冒頭の⑧である。通常、法令に明文化されているとすれば、実際にそこに言及されているような実態が存在していたと考えなければならない。すなわち、⑧で米を使った売買を禁止したということは、現場では米を使って売買していた、米を貨幣として使うという実態が横行していたということになる。明らかに先の信長の撰銭令に反する行為であった。いや、撰銭令には米を貨幣として使うことを禁じる規定は明記されていないのだから、違反していたとは言えないという反論もあるかもしれない。米で売買していた人々も、おそらくそう主張しただろう。しかし信長の意図が、銭での売買のみを認めるものであったことが明確である以上、米による売買を容認していたというのは無理な解釈だろう。だからこそ、追加で⑧の規定を持ちだしたのである。

信長の撰銭令が市場には受け入れられなかったとされてきた理由の一つは、このことによる。その後の実態をみても、その主張が正しいことは明らかである。一五七〇年代に入ると、京都や奈良では米を売買の手段として使用していたことを示す史料や記録がむしろ増加していく。しかもそれがピークに達したのは、じつは一五七〇年代前半であった。理由は明らかに銭不足である。米を使うなと言われても、銭がなく、米なしではもはや売買が成り立たない、現場はそんな切実な状況にあったのだ。信長の撰銭令は明らかに、その実態を見誤っていたと言わざるを得ないだろう。

市場の変化を見誤った

いや、米はなくとも金銀があるではないか。実際に⑨や⑩では一部容認しているではないか、そういう意見もあるだろう。しかし、金銀は庶民にはあまりに価値が高すぎた。⑨で並べられている対象品目や、信長自身が設定したレートにもあるように、金はもとより、銀ですら一両(約一六グラム強)で二〇〇文の価値があった。現在の価値にしておよそ一万円強で、これを小銭と呼ぶのは現代人の感覚からもかけ離れているだろう。まして、現在の我々よりも生活水準が非常に低かった当時の一般的な都市住民にとっては、めったに目にすることのない金額であった。金銀では、高額すぎて銭の代わりにはならないのだ。

それに比べて、米は当時およそ一斗が銭二〇〇文程度だったので、一合にすると二文である。当時は銭不足のため銭建てでは異常な米価安になったことも作用して、米は銭の代わりを十分に果たせるようになっていた。しかも米は品質に極端な違いがなく、また潤沢な生産量を維持しており、かつ、食糧・兵糧や年貢として需要がつねに存在した。それゆえ、別の品物よりも相手に受け取って貰える可能性が高い。米が貨幣として使用されるようになったのは、以上の要素が作用したためであった。

⑨の規定も、市場動向におされて妥協した結果の内容とみなされている。比較の対象となるのは、④の規定との関係である。④では唐物や絹布も含め、あらゆる品目について銭以外で支払ってはならないとされていたが、⑨では高額取引に限って金銀での支払いを認めている。貿易商人らから反発を受けたためだろう。銭不足が慢性化していた段階では、大量の銭を必要とする高額取引も銭での支払いに限定するのは現実的ではなかった。わずか半月での方針転換は、信長の柔軟な姿勢のあらわれと評価することも、あるいはできるのかも知れないが、法令の持つ重みを考えると、やはり勇み足だったという批判

は免れないだろう。過料の規定である⑬も、当初の過料では効果がなかったとみえ、早々に厳罰化に踏み切ったものである。

わずか半月でこのように内容の変更を迫られることになったのは、事前のリサーチが不足していたからにほかならない。信長の撰銭令は、経済動向を踏まえて練られたものではなく、勢いに任せて制定したにすぎなかった。そう考えると、先の「悪物」の屈辱に対する怒りこそがこの法令の根源的な動機だったのではないか、という思いが強くなる。他の法令はともかく、永禄一二年の撰銭令に関しては、当時の京都の経済事情に精通しないまま勢いで発布した生煮えの法令であった、そう評価するのが妥当である。これを信長の経済政策全体にまで敷衍《ふえん》して低い評価をすることは控えなければならないとしても、信長が当時の経済に精通していたとみるのはやはり過大評価だろう。

あっという間に忘れられる

その後をみても、現場で撰銭令が厳守された形跡はない。撰銭令を発布した永禄一二年の一二月には、米を使った売買をした者や法令に背く過剰な撰銭を行った者は家財没収（闕所《けっしょ》）とするよう、さらに厳罰化したことを京都市中に通知している（『中世法制史料集』第五巻七〇二）。一向に遵守されないことに怒りもその頂点に達したのだろうか。だが現場からすれば、そんな非現実的な命令にはとてもではないが応じられないといったところだろう。米の「貨幣化」は、もはや避けられない現実であった。鳴り物入りであった肝腎の①〜③の規定も、遵守された形跡は史料上では確認できない。翌永禄一三（元亀元、一五七〇）年三月一六日には、尾張国熱田《あつた》にあてて撰銭令の追加法令を発布している（ただし、永禄一三年ではなく、これも永禄一二年、つまり京都に発布した追加令と同時に発布されたものとする指摘もある）。そこでは、「下の下古銭」（劣化した渡来銭）を新たに二枚で一文のカテゴリに加える改正がなされているとともに、やはり米での売買を禁じている。これもどこまで効果があったかははっきりとしない。

その後、信長が貨幣に関する政策を打ち出すことはなくなった。同年からは朝倉氏らとの抗争が一進一退となったように戦線拡大が限界に達した一方、足下では将軍足利義昭との関係が険悪化するなど、政治情勢が厳しくなったことは周知の通りである。そのため経済政策どころではなくなったかもしれない。しかし上洛直後の並々ならぬ熱意に比較すれば、拍子抜けするほどあっさりと貨幣統制への意欲を失ったようにみえる。

言い方はいろいろあるだろうが、信長は貨幣については匙《さじ》を投げたということだろう。『信長公記』の記述を信じれば、この後は信長自身が金銀を贈答手段として用いることも多くなっていった。同時に京都の公家社会においても金銀は、贈答や売買、貸借に頻繁に用いられるようになっていた。かつて信長が撰銭令を出したことなど、みな忘れ去った。こうして、もとより市場の変化を見誤っていた信長の撰銭令は、発布して数年もせずに歴史上の産物と化してしまったのであった。

ここで、撰銭令の⑦と⑭の規定について補足しておこう。これは、法令に違反する者を発見した際には、「町」でその者を拘束したり処分したりするよう命じたものである。この「町」は住民の自治組織で、京都では一六世紀後半にその自治が強化されていた。中世の京都は大きく上京《かみぎょう》と下京《しもぎょう》の二つの市街に分かれて都市が発達し、上京は三条、下京は七条がその中心になっていた。

そしてこの「町」の上に、近隣のいくつかの「町」を束ねた「惣町」という組織があった。惣町は、上京・下京それぞれを束ねる自治組織であり、町人のあいだから選ばれた宿《しゅく》老《ろう》がその統治に当たっていた。この惣町もまた、一六世紀半ば頃から活動が活発になっている。撰銭令にあるように、この頃の京都は権力者の直接支配ではなく、このような重層的な自治組織によって統治されていたのである。

いっぽう、第五章で取り上げた安土その他の町における自治の有無ははっきりしない。ただ、北庄の商人が組織していた座に、領主との間で諸役の見返りとしての特権が与えられていたように、彼らのような商人が町の自治に関わっていたと考えることは可能だろう。

2　検地と石高制

新たな施策の必要性

　これまで繰り返し述べてきたように、権力にとって最も重要な収入源は年貢であった。それは統一政権へとひた走る豊臣政権でも変わらなかった。それゆえ、年貢を安定的に徴収するシステムを構築し、運営することが、政権維持には何よりも重要だった。

　システムを安定させるために最も重要なことは、納入する側からみて適切な負担かどうかが可視化されていること、つまり公平であることだった。これは現代社会でも税制の基本だが、いつの時代でも変わらない。ただし、大名による権力への負担（つまり軍役）の大小は政治力に左右されることが多かったので、公平さを欠く場合も往々にしてあった。しかしそれは確実に政権の綻びにつながっただろう。

　これまでみてきたように、戦国時代の税制、つまり年貢を徴収する前提となる賦課基準（物差し）には、多くの大名が銭を採用していた。ところが一五六〇年代以降に銭の価値に差異が生じて複雑になり、銭を基準とすることによる弊害が目立つようになってきた。公平性を明確にするには物差しが重要だが、その物差しの機能が低下して、公平な年貢徴収が阻害されることになったのだ。

しかし、銭によって構築された賦課基準をいきなり全廃することには副作用も大きい。安定した基準への転換には、相応の準備が必要だっただろう。そのため、段階的な措置がそれぞれの大名で採られていった。織田信長の支配領域を対象として、その様子をみていきたい。

信長の領国は、統治のあり方が地域によって異なっていたことが、すでに明らかになっている。すなわち、旧来の家臣の所領が大半を占める尾張・美濃両国では、さすがに信長とてもその既得権に介入して税制を刷新することはむずかしかった。一方、旧来の権益をチャラにした新征服地では、新たな年貢収取の方式を導入することが比較的容易だった。

一五六〇年代から一五七〇年代にかけて、信長が新たに征服した地域では、安定した支配と年貢の徴収を実現すべく税制の再構築が求められていた。しかし旧領主が基準としていた銭の混乱（価値の低下）に直面し、基準の改定が必要となった。

その方法は、二つあった。一つは、基準となる銭建ての数値は旧領主のものを継承しつつ、年貢としては、銭の実勢相場を踏まえて徴収額のほうを引き上げる方法である。徴収する銭を増やすことによって銭の価値下落を相殺するのである。徴収額は増加して名目上は増税になったように見えるが、物価水準と比較すれば価値は変わらないことになる。つまり実質では負担は従前通りとするものである。これは、新たな領主として、征服地の納税者（百姓）に受け入れてもらうための施策と言ってよいだろう。しかし額面（名目）では見かけ上、増税したようにみえるから、相応の説得工作が行われたに違いない。たとえば、別の負担の軽減や、それまでの負債の免除などが挙げられる。つまり楽市と同じような政策である。

織田領国の事例でみると、朝倉氏を滅ぼした後に平定した越前国において、この方式が採用された。天正四（一五七六）年三月、柴田勝家は、従来の貫高の数値は維持しつつ、従来の三倍の額を、当時流通していた銭で徴収することにした（『中世法制史料集』第五巻八五四）。この方式は、毛利氏などでも採用されていたことがわかっている。推測になるが、越前国では朝倉氏滅亡後も真宗門徒の蜂起があって支配が不安定であったため、従来の賦課基準を継承する方が混乱を招かず得策と判断したのだろう。

石高制の始まり

もう一つの方法は、混乱のもとになる銭建てという基準そのものを放棄して、新たな基準を設けることである。すなわち米建ての基準、石高制の導入である。

越前とは異なり、ある程度は安定した支配が可能であった他の征服地では、敵から奪取した所領の多くを信長の直轄地としたり、家臣に給付したりしていた。このほか、京都周辺の山城《やましろ》国内を主な対象として、天正三（一五七五）年には一部の所領を京都の寺社や公家衆に「新地」として給与している。そしてその「新地」での評価額は銭建てではなく、米建て、すなわち石高で表記されている。

新たな基準での表記のため、数値を確定するための簡単な土地調査が行われたとみられている。ただし、基本的にはそれも受益者側の申告に委ねられていた（指出検地《さしだしけんち》）。後の豊臣秀吉とは異なり、信長は現地に役人を派遣して詳細な検地をさせるところまでは行っていない。つねにどこかで戦争を遂行していた信長は、綿密な調査よりも迅速な処理による早急な年貢（つまり兵糧）徴収を優先したのだろう。詳細な調査を行えば、たとえば税逭《のが》れのためにひそかに開発した土地の摘発なども行わざるを得なくなる。それにともなう地域との軋轢《あつれき》を避けたものとみられている。

じつは、信長は生涯にわたって検地による土地の徹底調査にはほとんど関心がなく、検地を徹底した北条氏や武田氏、毛利氏などの他の戦国大名に比べると、かえって後進的な権力と評価されることがある。だがその一方で信長は、各種の免除規定を設けていた他の大名とは異なり、軍役等に例外的特権を一切認めず、公家や寺社に安堵した所領にも一律に軍役等（国役《くにやく》と呼ばれた）を賦課していた。領国内で一部に非課税等の特権（不入《ふにゅう》と呼ぶ）を容認することが多かった他の大名に比べると、この信長の姿勢は非常に強硬であり、それを可能にする強大な権力が担保されていたことを物語る。この点を重視すれば、信長は百姓に対しては比較的穏当な対応をした一方、自らに従った領主層に求める負担は徹底しており、過酷でもあったと言えるだろう。信長流の公平さとの評価もできようか。

それはともかく、かつては日本史上の大転換とも言われた石高制自体は、検地は不徹底だったものの、すでに一五七〇年代後半には織田氏の領国で採用されていた。ただしそれは、壮大な国家構想に基づいたものというより、信長上洛の頃に深刻化していた畿内周辺の貨幣流通事情の影響によるものと考えたほうが、より実態に近いだろう。もちろん、戦争が大規模化し、兵糧調達の重要性が増大した結果、米建て基準に転換させ、直接、米を徴収する方が現実的になっていたことも事実で、こうした社会情勢も、石高制の普及を後押ししたことも確かである。そしてこの政策は、確実に後の豊臣政権に引き継がれた。豊臣政権下では、年貢徴収のみならず、軍役などのさまざまな役負担の基準がすべて石高に統一された。これが江戸幕府にも継承されることになった。

統一基準の策定

なお、石高制が列島で一律に導入されるには条件があった。米を計量する基準、つまり枡の大きさを公的に統一することである。中世では、米を量る枡の大きさは地域ごと、それどころか、使用する領主個々の間でもまちまちなのが一般的で、公的な統一基準はほとんど存在しなかった。米の直接徴収をベースとする税制にするとすれば、基準となる数値のみならず、実際に徴収する米を量る基準も統一しなければ意味がない。そのため、枡の公的規格を定める必要が生じていた。

このとき公的な枡として採用されたのが、おそらく当時の京都で比較的多用されていたとみられる、「判枡《はんます》」であった。通説では、その導入を決めたのは秀吉とされてきたが、じつは最初に導入したのは秀吉ではなく、信長だった。自らの支配領域内という限定はあるが、信長は一五七〇年代にはすでに判枡を公定枡として採用していた。この判枡が、秀吉の時代に京枡《きょうます》と呼ばれるようになった。このことは、信長の「先見性」と、たしかに評価されるだろう。

枡以外にも、従来の徴収対象を銭から米に改めた場合には、その換算値（レート）をどう設定するかが問題となる。通常は、実勢相場をもとに決めたと思われる。たとえば一五七〇年代の畿内では、銭一〇〇文と米二斗ほどがおおよそ等価で取り引きされていた。土地の評価（どれだけ米が生産できるか）によって多少なりとも数値は前後しただろうが、おおむねこのレートを基準として換算していったと思われる。

税の公平性を担保するためには、以上のように徴収する基準を整理することがその大前提であった。石高制は、そのための最もふさわしい手段とされたのだ。

また米のような現物を徴収する際には、それを量るための統一基準を策定して、その運用が徹底されなければならない。さもなくば、末端の役人に不正が横行し、公平性を大いに損ねることになっただろう。戦国大名が不正にどこまで厳正に対処できたかを推し量ることはむずかしいが、たとえば北条氏の場合、百姓が役人の不正を訴える仕組みが構築され、投書のための箱が小田原城下に置かれていた。これは目安箱《めやすばこ》と呼ばれ、後に徳川吉宗《よしむね》も採用したことによって知られている。時代は変わっても、公平を担保するための仕組みは基本的に変わらないことがうかがえる。信長や秀吉が目安箱を設置した形跡はないが、末端の不正にはつねに目を光らせていただろう。

3　金・銀・ビタの時代

「ビタ」の登場

「ビタ一文」という言葉がある。「わずかなお金」という意味であることは言うまでもない。そしてこの「ビタ」は「鐚」という漢字（日本独自の「国字《こくじ》」）が当てられ、しばしば悪銭という意味で用いられる。つまりは、ほんのわずかな価値しかないか、あるいは価値のない銭、というイメージが一般的だろう。

ところでこのビタ（鐚）だが、一五七〇年代に畿内周辺で初めて登場したことがわかっている。だが、なぜこの時代に出現し、そしてこれは、実際にはどのような銭だったのだろうか。

織田信長が上洛した一五六〇年代末にはすでに深刻化していた精銭不足は、一五七〇年代になると極限を迎えた。奈良興福寺の塔頭《たっちゅう》である多聞院《たもんいん》主だった英俊《えいしゅん》という僧侶が記した『多聞院日記』によると、永禄一三（元亀元、一五七〇）年に、銭の代わりに米を支払いに充てる事例が急増している。一例を挙げると、同年正月二〇日には、「妙徳院破鏡出銭」として、本来は上位の僧が銭（精銭）二〇文、下位の僧は銭一〇文を布施として出すところ、「代米」を遣わしたという（前掲書同日条）。同年四月七日には、「笠間茶四斤」に対して、本来一斤で銭五〇文ずつの価格だが、実際には米一斗六升ずつを支払っている（前掲書同日条）。そしてついに元亀二（一五七一）年には、米を売買に用いるケースでほぼ占められるようになっている（高額な時は金・銀が用いられる場合もある）。

ところが元亀三（一五七二）年になると、一転してビタと呼ばれる銭が使われるケースがみられるようになる。じつはこのビタは、精銭よりも低い価値で用いられていた、一五六〇年代に「悪銭」と呼ばれていた銭と同じものだった。英俊は正規の銭ではないこのビタを使うことには抵抗があったようで（ビタという呼び名もそういう意識があったからだろう）、天正四（一五七六）年になって仕方なく使うようになっている。だがこうなると、もう時流には抗えない。なお、ビタに当てられる「鐚」という字はまだこの時期には用いられておらず、慶長一三（一六〇八）年に江戸幕府が発布した撰銭令が初見である。

ビタは、慢性化した日本の銭不足を補うべく、民間セクタで偽造された模鋳銭や無文銭である。旧来から流通していた銭（精銭）の補助的な役割で以前から流通していたが、一五七〇年代に精銭が市場から消滅すると、銭ではビタだけが実際に使われるようになった。ただしこれは権力の指令によるものではなく、市場が自律的に選択した結果だった。

このような変化に、権力側は基本的に追随して対応するほかはなかった。本能寺の変の後に勢力を拡大しつつあった畿内で、羽柴秀吉が天正一〇（一五八二）年一〇月に発した通達によると、精銭とビタとのレートを「三文立」としている。ビタ三文で精銭一文と同価値としたのである（『豊臣秀吉文書集』五三二）。といってもこれは商取引についてではなく、精銭建ての年貢高（貫高）をビタ建てに読み替えるための指示であった。先に見た越前の事例のように、畿内でも銭建ての税制が残っていた地域では、年貢徴収の基準の調整が必要となっていたのである。最終的には、検地によって米建て（石高）に切り替えられたことにより、ようやくこのような調整は不要になった。

すなわち石高制の登場には、一五七〇年代の貨幣の流通事情が大きく関わっていたのである。精銭の消滅とビタの登場によって銭相場が混乱していた一五七〇年代、銭建てで組み立てられていた各領主たちの税制は大混乱をきたしていた。その結果、品質に大きな差がなく、枡も統一されて量りやすくなった（そしてつねに需要が高い）米が注目されるに至り、米建てによる基準への転換、つまり石高制の採用がより強く促されることになったのだ。豊臣秀吉は、この時流に上手く乗ったのである。

金と銀

一方、巨大化する戦争では大量の物資を必要とするため、米や銭のような小額の貨幣のみの流通であることが、政治にも経済にも大きな支障を来すようになっていた。そこで高額貨幣として用いられるようになったのが、金と銀だった。

関東では、やはり一五七〇年以降の北条氏の領国下で、金を貨幣として用いる事例が増えてゆく。おそらく、駿河や甲斐などの周辺地域で産出された金が関東に流入していたのだろう。また、江戸時代に一大産地になった佐渡《さど》でもすでに金の採掘が行われていた（当時は上杉氏の支配下）。北条氏はこれらの地域を支配した大名と必ずしも友好的ではなかったが、経済的な交流は存在していたと考えられる。

一五七〇年代に関東周辺で金が貨幣として流通していたことは、後の時代にも大きな影響を与えた。一七世紀（江戸時代）に入ると、関東に政権基盤を置く江戸幕府が公的に金貨（大判・小判）を造るようになったが、それはすでに戦国時代の関東では金が貨幣として普及していたためだった。江戸幕府は、貨幣の秩序を大きく変えて社会の混乱を招くよりも、規制の制度をバージョンアップしながら公的秩序としてそれを採り入れ、秩序を安定的に継承する途を選んだのだ。

同時に一五七〇年代の北条氏領国では、先にも触れたように、年貢納入手段として「永楽銭」も指定されていた。その結果、北条氏が支払いに銭を用いる場合にも、「永楽銭」

が充てられるようになった。そのことから、北条氏領国では「永楽銭」を基準銭とする通貨圏が形成されていたと考えられている。

一方、西日本の経済的中心地たる京都では、金の使用も少しはあったが、織田信長が上洛した頃から銀が貨幣として使われ出していた。このことは、先に信長の撰銭令でもみた通りである。銀の使用は一五七〇年代に入って拡大し、豊臣秀吉の絶頂期であった一五九〇年代には小額の支払いにもしばしば用いられるほど普及した。その背景は、石見銀山や但馬国の生野《いくの》銀山（兵庫県朝来《あさご》市）などの銀山開発が西日本で進んでいたこと、貿易が盛んな西日本では、その決済通貨が銀だったことも影響していたのだろう。

その結果、江戸幕府が成立した後も、西日本では金ではなく銀が主要貨幣として使用されるようになっていた。その経済的中心地は大坂だが、この大坂は知っての通り一五八〇年代になって急速に開発が進んだ都市であり、豊臣政権の経済的中心地にもなっていた。大坂では発展当初から銀遣いが浸透しており、江戸時代にもそれが継承されたのだ。

三貨制度へ

一方の銭は、豊臣政権の全国統一にともなって、地域格差の調整が課題となった。畿内周辺でビタが普及していたことは触れたが、関東では様相が違っており、北条氏により永楽銭基準通貨圏が形成されていた。天正一八（一五九〇）年に北条氏を滅ぼして東国を平定し、ついに天下統一を果たした段階で、この地域差に対応する必要が生じたのだ。もっとも、年貢徴収や軍役賦課の基準については、早急に検地を行って石高制を導入することで、多くの地域では調整が果たされた。しかし、耕作困難な山間部などでは米ではなく貨幣で年貢を徴収する必要があったため、その調整には時間がかかった。そこで当面の措置として、一部地域では、基準が銭建てのまま残された。

そこで問題となったのは、永楽銭とビタのレートである。北条氏領国は永楽銭を基準にしていたので、銭建てとはこの永楽銭建てのことであった。しかしビタよりも明らかに高い価値に設定されていたので、そのままでは基準として用いることはできなかった。そこでやはり、数値を計算処理して読み替えることになった。豊臣秀吉はそのレートを、「永楽銭については、金一枚に二〇貫文とし、びた銭は、永楽一文に「三銭立」としなさい」（『豊臣秀吉文書集』三四一四）とした。やはりここでも永楽銭をビタの三倍としたのである。畿内の精銭と関東の永楽銭を同じ価値にして混乱を防ごうとしたとみられるが、秀吉にはこの三倍という数値にこだわりがあったようだ。このレートは、後の慶長一三（一六〇八）年に発布された江戸幕府の撰銭令にも、四倍となって（つまり永楽銭の価値が上昇した）受け継がれた。なお、一七世紀になると、ビタは「京銭《きょうせん》」と呼ばれるようになった。

もともと京都を中心に流通していた銭という認識からこう呼ばれたのだろう。

江戸時代には、金・銀・銭の三種類の金属貨幣を幕府が自ら発行するようになり、それを三貨《さんか》制度と呼んだ。この三種を貨幣とする社会は、一六世紀後半の市場での活動によって徐々に形成されたものであり、権力はそれに乗っかっただけだったことが、これまでの経過からおわかりいただけるだろう。経済政策は権力にとって最も重要な役目の一つではあるが、その仕事は、市場において自律的に形成された秩序の整理をいかに的確に行うかにほぼ限られていた。権力者の思いつきのレベルで経済を動かすことは、信長でも秀吉でも家康でも、ほとんど不可能だったのだ。

終章　戦国大名の経営と日本経済

領国経営も楽じゃない

本書では、戦国時代に各地に盤踞《ばんきょ》した戦国大名をいわば「地域国家」とし、その「国家」財政について述べてきた。最後に、その概要をまとめておこう。

戦国大名の経営という観点から、具体的な収入や支出について、数値をわかる限りは示しながら説明を行ってきた。その結果として見積もられた財政規模を改めて整理しておこう。

経営規模は、当然ながら大名の支配領域の質、量によって大きく異なるが、複数国を支配する大名クラスの場合、一度の戦争では戦闘員が数千、兵站に関わる非戦闘員を加えると二万人程度になったと考えられる。基本的に戦闘員の武具や兵糧は自弁だったが、仮に兵糧を用意する必要がある場合、一人当たり一日六合が支給されていたことから、仮に戦闘員が二〇〇〇人の場合、一日当たり一二石の米が必要になった。一ヵ月の戦争の場合は三〇倍して米三六〇石となる。米一石が銭五〇〇～七〇〇文だったので、一ヵ月では銭一八〇貫文～二五二貫文かかった。現代の価値にすると一五〇〇万円弱程度となる。鉄炮などの武具を別途用意することになる場合には、さらに上乗せとなる。戦果が乏しければ、そのまま財政への負担となる。毛利氏のように米を借りてまで戦争を行う大名もいたことからすれば、それほどの余裕はなかっただろう。

平時の負担においても、受益者負担が基本であり、大名が直接支出する場面は多くないが、織田信長の一大事業だった安土城築城の場合、現代の価値にして一〇〇億円にはなるであろうほどの経費が投入されていたとみられる。比較として適切かはわからないが、天文九（一五四〇）年に伊勢外宮の求めに応じて織田信秀が遷宮費用を寄附した事例があるが、その時の金額は合計で銭七〇〇貫文に相当したという（「外宮引付」）。現在の価値にすると五〇〇〇万円に満たない。京都における最大規模の普請であろう内裏の建築においても、はるかに安土城には及ばない。安土城築城の規模がいかに破格であったかを物語る。ただし一般的な大名による城郭普請や城下町の整備については、当然ながらそこまではかからなかっただろう。戦国時代の城郭は基本的に天守を持たないので、高く見積もっても上記の外宮遷宮費用と同じ規模だったのではないか。ただしこれはあくまで推測である。

恒常的な大名の収入源は、もちろん年貢をはじめとする諸税だった。どの税目に重きを置くかは大名によって異なるが、年貢が核となる財源だったことは共通している。税率も大名によって異なるが、田一段を持つ百姓一人（その家族を含む）当たりの税負担を見積もると、総額で仮に年一貫文程度とできようか。その他、夫役や普請役などの労働奉仕が課せられたが、支払う金額は現在の価値で一〇万円程度と見積もられる。戦国大名領国の人口を計算することはきわめて困難だが、当時の日本の人口は一五〇〇万人程度と推計されているので、一国当たりでの平均は、島嶼部や小国を除けば平均しておよそ二〇万〜三〇万人程度だろうか。百姓一家族を仮に一〇人（三世代同居を想定）とすれば、一ヵ国を支配する大名であれば、そこに住む百姓は二万〜三万人、年貢が一人一貫文とすれば、年貢の総額は二万貫文程度になったと推定される。頻繁とはいえないまでも、戦争を遂行する経費を賄える規模だったことは確かなようだ。その収入から、大名の生活経費、建築費や修繕費、褒賞、贈答、備蓄などに振り向けられていくのだから、即逼迫するほどではないにせよ、濡れ手で粟というほどのものでもなかったろう。なお、東北地方の数郡を支配する伊達氏の場合は、少なくとも数千貫文の収入が見込まれていた点はすでに指摘した。

戦国大名の経営における経済規模は、おおよそ以上のように推計しておきたい。意外と潤沢だったとみるか、思ったほどでもないとみるかは、読者によって印象が異なるだろう。もちろん本書で行った作業はあくまでも、限られた史料に基づいた推計に過ぎず、過信は禁物である。今後より多くの史料が博捜されると、それに応じて修正が加えられるはずなので、あくまでも目安とお考えいただきたい。

生き残りのために

自立した権力となった戦国大名にとって、最も重要なことは安定した収入の確保だった。それは、何よりも軍事力を維持あるいは増強して周囲の敵に備えるためであったが、領内に暮らす家臣や百姓などの生計を成り立たせるための行政を絶えず行うこと（公共投資）が必要とされていたためでもあった。これらの施策はまさに国家によるそれそのものであった。

大名にとって最も重要な収入源は、何度も繰り返すが年貢（米）である。米作を古代以来、中枢産業としてきた日本では、権力者の収入源もそれに規制されるのが当然であった。とはいえ、じつは米を直接徴収しない大名も少なからず存在した。その代表例が関東に覇を唱えた小田原北条氏である。

北条氏ら、いくつかの大名は、主に貨幣である銭を徴収するシステムを構築した。その理由は、貨幣を徴収する方が便利だったからにほかならない。米は兵糧として最も重要な戦略物資だが、豊作・凶作などによる価格変動の影響を受けやすく、米以外の物資を入手する際には売却して銭に換える手間が生じるなど、財政運営上の支障も大きかった。貨幣を年貢として徴収するにしても、年貢賦課の基準は伝統的な米建てにしている大名もあったが、北条氏は基準も銭建てにして税制を構築した（貫高制）。この取り組みを戦国大名のなかでも先進的な施策として評価する研究者も多い。北条氏の勢力拡大は、この先進的なシステムに支えられていた。貨幣を年貢として徴収するシステムは、大内氏、大友氏、朝倉氏など、ほかの多くの大名にも採り入れられていた。

年貢を貨幣で徴収する最大のメリットは、米以外の物資を迅速に入手できることにある。米以外の食料品、領内での大量生産がむずかしい武具や軍需物資、山間部ではつねに不足しがちな塩のように、地域特性によって領内で生産できない必需品、そして時には外交手段として贈答に使われる奢侈品などがそれに当たる。いずれにせよ、戦国時代は大名とて自給自足経済は不可能で、各地から物資を調達することでその権力は維持されていた。そのため貨幣への需要は高かった。

大名は、ライバルとの競争を勝ち抜くべく、年貢のほかにも貪欲に収入源を追求した。そこでにわかに巻き起こったのが鉱山開発ブームだった。その代表例である石見銀山については本書でもたびたび取り上げたが、そのほかにも佐渡島や甲斐国、駿河国の金山、西日本では但馬国で開発された生野銀山などは、いずれも一六世紀になって開発が盛んになったものである。これらの鉱山では主に金・銀が採掘されたが、ほかに武具に用いられる銅や鉄の卑金属も大名の指揮下で生産が進められた。金属以外では、硫黄が火薬の原料として珍重され、多くは輸出されたが、日本でも、火薬の生産技術が伝わると、主に西日本で消費されるようになった。当然ながら鉄炮伝来後の急速な国産化の進展も重要である。自前で生産できなかった大名は、本書で触れたように鉄炮を非常に高額で購入する必要が生じた。

貨幣で年貢を徴収するシステムは、多くの戦国大名の財政を支える基盤となったが、運用年数が一〇〇年になろうとする頃にはやはり制度疲労が生じていた。その最大の原因は、何より、基準にしていた銭の秩序の変化である。詳しくはすでに述べたので繰り返さないが、一五七〇年代に、基準となる銭の価値が動揺した結果、税制に歪みが生じた。大名にそれを座視することは許されず、ただちに制度改革を迫られた。そしていくつかの試行錯誤を経て最終的にたどり着いたのが、米建てで米を徴収するシステムへの「回帰」、つまり石高制だった。豊臣秀吉が積極的に採用したこのシステムは、時間をかけて日本列島全体へと適用され、一五九〇年代半ばには、日本のほぼ全域で定着した。これが後の江戸幕府の財政を支える基盤となり、曲がりなりにも明治維新まで続いたのだ。

一方、日本列島の外に目を向けると、一六世紀が世界経済の大きな転換点だったことはすでに周知の通りである。それがヨーロッパ勢力の東アジア到達である。世界史的には西欧と中国とが海で繋がったことがなによりも重要だが、日本においてもそのインパクトは絶大だった。特に九州では、諸大名がいち早く貿易利権を勝ち取るべく貿易商人の誘致合戦を行い、うまく勝ち取った大名もいれば、後れを取る大名もいた。前者の代表例が大友氏で、後者が島津氏と言えようか。それが両者の対立から全面戦争へと向かう政治情勢にも少なからぬ影響を与えたのではないだろうか。この、にわかに発生した日本の貿易ブームは、何もヨーロッパや中国という外的要因のみに帰するものではなかった。本書で繰り返し述べたように、何よりも石見銀山の開発により莫大な銀を産出できるようになったことがきわめて重要であった。その背景には、当時の戦国大名の、積極的な鉱山開発があった。

貿易による利益を数的に見積もることはむずかしい。だが、軌道に乗れば数千貫文の利益を叩き出すことはできたのではないだろうか。ちなみに足利義満が絶頂期に行った日明貿易では、少なくとも数万貫文の利益が見積もられている。そこまではいかずとも、大名にとっては欠かせない利権だっただろう。硝石や鉛玉などの軍需物資を輸入に頼っていたことも、貿易が重視された大きな理由だった。

この貿易利権に最も熱い視線を注いだのが、じつは豊臣秀吉であった。九州征伐の折にその実態に触れた彼は、さまざまな規制を大名に押しつけて彼らの保持する貿易利権を吸い上げた。しかしそれでも飽き足らず、中国征服を標榜して朝鮮へ出兵することになった。秀吉の野望は粉砕されたが、中央権力による貿易利権の独占という方向性は徳川家康にも受け継がれた。こうして江戸幕府による管理貿易制度（朱印船貿易）が構築され、大名独自の貿易利権は事実上、失われた。その後、キリシタンの追放、そして「鎖国」へと繋がっていくことも、いまさら説明するまでもないだろう。

本書では、大名による実際の収支というミクロ的な視点から書き起こしつつ、戦国時代の日本経済全体を俯瞰《ふかん》するマクロ的な視点からの叙述も行ってきた。経済規模、技術、人々の気質が現代と大きく異なることは言うまでもないが、戦国大名という権力体を組織としてみれば、筆者としては意外と現代と似たようなことをしていたように思えるのだが、みなさまの感想はいかがだろうか。

もっとも、一つだけ、現代とは決定的に異なることがある。それは、当時の人々には戦争が、ごく身近であったことである。

参考文献

書籍

足立啓二『明清中国の経済構造』（汲古書院、二〇一二年）
池享編『銭貨――前近代日本の貨幣と国家』（青木書店、二〇〇一年）
池享『日本中近世移行論』（同成社、二〇一〇年）
池上裕子『戦国時代社会構造の研究』（校倉書房、一九九九年）
池上裕子『織田信長』（吉川弘文館、二〇一二年）
伊藤幸司『中世日本の外交と禅宗』（吉川弘文館、二〇〇二年）
伊藤俊一『室町期荘園制の研究』（塙書房、二〇一〇年）
浦長瀬隆『中近世日本貨幣流通史――取引手段の変化と要因』（勁草書房、二〇〇一年）
岡美穂子『商人と宣教師　南蛮貿易の世界』（東京大学出版会、二〇一〇年）
小野正敏・五味文彦・萩原三雄編『金属の中世――資源と流通』（高志書院、二〇一四年）
小野正敏・水藤真編『よみがえる中世6――実像の戦国城下町　越前一乗谷』（平凡社、一九九〇年）
小和田哲男『後北条氏研究』（吉川弘文館、一九八三年）
小和田哲男『駿河今川氏十代――戦国大名への発展の軌跡』（戎光祥出版、二〇一五年）
鹿毛敏夫『アジアのなかの戦国大名――西国の群雄と経営戦略』（吉川弘文館、二〇一五年）
勝俣鎮夫『戦国法成立史論』（東京大学出版会、一九七九年）
金子拓『織田信長――不器用すぎた天下人』（河出書房新社、二〇一七年）

河内将芳『宿所の変遷からみる信長と京都』(淡交社、二〇一八年)
川戸貴史『戦国期の貨幣と経済』(吉川弘文館、二〇〇八年)
川戸貴史『中近世日本の貨幣流通秩序』(勉誠出版、二〇一七年)
岸田裕之『大名領国の経済構造』(岩波書店、二〇〇一年)
岸野久『西欧人の日本発見——ザビエル来日前日本情報の研究』(吉川弘文館、一九八九年)
岸野久『ザビエルと日本——キリシタン開教期の研究』(吉川弘文館、一九九八年)
岸野久『ザビエルの同伴者 アンジロー——戦国時代の国際人』(吉川弘文館、二〇〇一年)
久保健一郎『戦国時代戦争経済論』(校倉書房、二〇一五年)
久保健一郎『戦国大名の兵粮事情』(吉川弘文館、二〇一五年)
黒田明伸『貨幣システムの世界史』(岩波現代文庫、二〇二〇年、初版二〇〇三年)
黒田基樹『中近世移行期の大名権力と村落』(校倉書房、二〇〇三年)
黒田基樹『戦国北条氏五代』(戎光祥出版、二〇一二年)
黒田基樹編著『伊勢宗瑞』(戎光祥出版、二〇一三年)
黒田基樹『戦国大名——政策・統治・戦争』(平凡社新書、二〇一四年)
黒田基樹『戦国大名の危機管理』(角川ソフィア文庫、二〇一七年、初版二〇〇五年)
小島道裕『戦国・織豊期の都市と地域』(青史出版、二〇〇五年)
五野井隆史『日本キリスト教史』(吉川弘文館、一九九〇年)
小葉田淳『日本鉱山史の研究』(岩波書店、一九六八年)
小葉田淳『日本貨幣流通史』(刀江書院、一九六九年、初版一九三〇年)
小葉田淳『金銀貿易史の研究』(法政大学出版局、一九七六年)
小林清治『伊達政宗』(吉川弘文館、一九五九年)

小林清治『戦国大名伊達氏の領国支配』（岩田書院、二〇一七年）
桜井英治『贈与の歴史学――儀礼と経済のあいだ』（中公新書、二〇一一年）
桜井英治『交換・権力・文化――ひとつの日本中世社会論』（みすず書房、二〇一七年）
櫻木晋一『貨幣考古学の世界』（ニューサイエンス社、二〇一六年）
佐々木銀弥『日本中世の都市と法』（吉川弘文館、一九九四年）
佐藤圭『朝倉孝景』（戎光祥出版、二〇一四年）
佐脇栄智『後北条氏の基礎研究』（吉川弘文館、一九七六年）
佐脇栄智『後北条氏と領国経営』（吉川弘文館、一九九七年）
柴裕之編『尾張織田氏』（岩田書院、二〇一一年）
下村信博『戦国・織豊期の徳政』（吉川弘文館、一九九六年）
鈴木敦子『戦国期の流通と地域社会』（同成社、二〇一一年）
鈴木公雄『出土銭貨の研究』（東京大学出版会、一九九九年）
千田嘉博『信長の城』（岩波新書、二〇一三年）
高木久史『日本中世貨幣史論』（校倉書房、二〇一〇年）
高木久史『通貨の日本史――無文銀銭、富本銭から電子マネーまで』（中公新書、二〇一六年）
高木久史『近世の開幕と貨幣統合――三貨制度への道程』（思文閣出版、二〇一七年）
高木久史『撰銭とビタ一文の戦国史』（平凡社、二〇一八年）
滝沢武雄『日本の貨幣の歴史』（吉川弘文館、一九九六年）
谷口克広『織田信長家臣人名辞典 第2版』（吉川弘文館、二〇一〇年、初版一九九五年）
玉永光洋・坂本嘉弘『大友宗麟の戦国都市――豊後府内』（新泉社、二〇〇九年）
千枝大志『中近世伊勢神宮地域の貨幣と商業組織』（岩田書院、二〇一一年）

長澤伸樹『楽市楽座令の研究』（思文閣出版、二〇一七年）
中島楽章編『南蛮・紅毛・唐人――一六・一七世紀の東アジア海域』（思文閣出版、二〇一三年）
永原慶二『室町戦国の社会――商業・貨幣・交通』（吉川弘文館、二〇〇六年、初版一九九二年）
新名一仁『島津貴久――戦国大名島津氏の誕生』（戎光祥出版、二〇一七年）
仁木宏・松尾信裕編『信長の城下町』（高志書院、二〇〇八年）
仁木宏『京都の都市共同体と権力』（思文閣出版、二〇一〇年）
西脇康『甲州金の研究――史料と現品の統合試論』（日本史史料研究会企画部、二〇一六年）
日本史史料研究会編『信長研究の最前線――ここまでわかった「革新者」の実像』（洋泉社歴史新書y、二〇一四年）
則竹雄一『戦国大名領国の権力構造』（吉川弘文館、二〇〇五年）
萩原三雄編『日本の金銀山遺跡』（高志書院、二〇一三年）
橋本雄『偽りの外交使節――室町時代の日朝関係』（吉川弘文館、二〇一二年）
早島大祐『徳政令――なぜ借金は返さなければならないのか』（講談社現代新書、二〇一八年）
平井上総『兵農分離はあったのか』（平凡社、二〇一七年）
平尾良光・飯沼賢司・村井章介編『大航海時代の日本と金属交易』（思文閣出版、二〇一四年）
深尾京司・中村尚史・中林真幸編『岩波講座日本経済の歴史1――中世 11世紀から16世紀後半』（岩波書店、二〇一七年）
藤木久志『戦国社会史論――日本中世国家の解体』（東京大学出版会、一九七四年）
藤木久志『新版　雑兵たちの戦場――中世の傭兵と奴隷狩り』（朝日選書、二〇〇五年、初版一九九五年）
藤木久志『戦国の作法――村の紛争解決』（講談社学術文庫、二〇〇八年、初版一九八七年）
本多博之『戦国織豊期の貨幣と石高制』（吉川弘文館、二〇〇六年）
本多博之『天下統一とシルバーラッシュ――銀と戦国の流通革命』（吉川弘文館、二〇一五年）

松岡久人『大内氏の研究』(清文堂出版、二〇一一年)
松原信之『越前朝倉氏の研究』(吉川弘文館、二〇〇八年)
村井章介『世界史のなかの戦国日本』(ちくま学芸文庫、二〇一二年、初版一九九七年)
村井章介『日本中世境界史論』(岩波書店、二〇一三年)
盛本昌広『軍需物資から見た戦国合戦』(吉川弘文館、二〇二〇年、初版二〇〇八年)
安国良一『日本近世貨幣史の研究』(思文閣出版、二〇一六年)
山内晋次『日宋貿易と「硫黄の道」』(山川出版社、二〇〇九年)
山口博『日本人の給与明細——古典で読み解く物価事情』(角川ソフィア文庫、二〇一五年、初版一九八八年)
脇田修『織田政権の基礎構造』(東京大学出版会、一九七五年)

論文

秋田洋一郎「一六世紀石見銀山と灰吹法伝達者慶寿禅門——日朝通交の人的ネットワークに関する一試論」(『ヒストリア』二〇七、二〇〇七年)
荒木和憲「中世対馬における朝鮮綿布の流通と利用」(佐伯弘次編『中世の対馬』勉誠出版、二〇一四年)
家永遵嗣「北条早雲研究の最前線」(北条早雲史跡活用研究会編『奔る雲のごとく　今よみがえる北条早雲』北条早雲フォーラム実行委員会、二〇〇〇年)
伊川健二「環シナ海域と中近世の日本」(『日本史研究』五八三、二〇一一年)
大田由紀夫「渡来銭と中世の経済」(荒野泰典・石井正敏・村井章介編『日本の対外関係4——倭寇と「日本国王」』吉川弘文館、二〇一〇年)
神田千里「伴天連追放令に関する一考察——ルイス・フロイス文書を中心に」(『東洋大学文学部紀要　史学科篇』三七、二〇一一年)

菊池浩幸「戦国大名毛利氏と兵糧――戦国大名領国の財政構造の特質」（『一橋論叢』一二三―六、二〇〇〇年）
岸野久「『るすん壺』貿易の歴史的役割――教会史料を主として」（『キリシタン研究』一七、一九七七年）
関周一「東シナ海と倭寇」（木村茂光・湯浅治久編『生活と文化の歴史学10――旅と移動 人流と物流の諸相』竹林舎、二〇一八年）
田中浩司「十六世紀前期の京都真珠庵の帳簿史料からみた金の流通と機能」（峰岸純夫編『日本中世史の再発見』吉川弘文館、二〇〇三年）
千枝大志「中世後期の貨幣と流通」（『岩波講座 日本歴史8――中世3』岩波書店、二〇一四年）
中島楽章「撰銭の世紀――一四六〇～一五六〇年代の東アジア銭貨流通」（『史学研究』二七七、二〇一二年）
中島楽章「福建ネットワークと豊臣政権」（『日本史研究』六一〇、二〇一三年）
中島楽章「十六世紀末の九州――東南アジア貿易 加藤清正のルソン貿易をめぐって」（山田貴司編著『加藤清正』戎光祥出版、二〇一四年、初出二〇〇九年）
中島圭一「日本の中世貨幣と国家」（歴史学研究会編『越境する貨幣』青木書店、一九九九年、初出一九九八年）
中島圭一「京都における『銀貨』の成立」（『国立歴史民俗博物館研究報告』一一三、二〇〇四年）
中島圭一「撰銭再考」（小野正敏・五味文彦・萩原三雄編『モノとココロの資料学』高志書院、二〇〇五年）
仁木宏「美濃加納楽市令の再検討」（『日本史研究』五五七、二〇〇九年）
橋本雄「撰銭令と列島内外の銭貨流通――〝銭の道〟古琉球を位置づける試み」（『出土銭貨』九、一九九八年）
早島大祐「織田信長の畿内支配――日本近世の黎明」（柴裕之編著『明智光秀』戎光祥出版、二〇一九年、初出二〇〇九年）
平井上総「検地と知行制」（『岩波講座 日本歴史9――中世4』岩波書店、二〇一五年）
平山優「戦国期における川除普請の技術と人足動員に関する一考察――甲斐国を事例として」（『武田氏研究』三一、二〇〇五年）

藤井讓治「織田信長の撰銭令とその歴史的位置」（『日本史研究』六一四、二〇一三年）
藤井讓治「近世貨幣論」（『岩波講座　日本歴史11――近世2』岩波書店、二〇一四年）
村井祐樹「史料紹介・東京大学史料編纂所所蔵『中務大輔家久公御上京日記』」（『東京大学史料編纂所研究紀要』一六、二〇〇六年）
渡邊基「豊臣氏の呂宋壺貿易について」（『史学』二一―二、一九四三年）

史料

『愛知県史』史料編一〇・一一（愛知県）
『浅野家文書』（大日本古文書　家わけ第二、東京大学出版会）
『イエズス会日本書翰集』（日本関係海外史料、東京大学出版会）
『蔭凉軒日録』（増補続史料大成、臨川書店）
『大分県史料』（大分県史料刊行会）↑「永弘文書」
『御湯殿上日記』（続群書類従補遺三、八木書店）
『兼見卿記』（史料纂集、八木書店）
『小早川家文書』（大日本古文書　家わけ第十一、東京大学出版会）
『堺市史』続編五（堺市）↑「今井文書」
『実隆公記』（続群書類従完成会・八木書店）
『大乗院寺社雑事記』（臨川書店）
『大日本史料』第十編之一（東京大学出版会）↓「鎌倉将軍以来宣下文書」「言継卿記別記」「法隆寺文書」
『伊達家文書』（大日本古文書　家わけ第三、東京大学出版会）
『言継卿記』（続群書類従完成会・八木書店）

『福井県史』資料編三・資料編九（福井県）↑「橘栄一郎家文書」「組屋文書」
『三重県史』資料編中世1上（三重県）↑「外宮引付」
『毛利家文書』（大日本古文書　家わけ第八、東京大学出版会）
『柳川市史』史料編Ⅴ・近世文書前編（柳川市）↑「立花文書」
『山梨県史』資料編6・中世3上（山梨県）↑「勝山記」
賀茂別雷神社蔵「賀茂別雷神社文書」（東京大学史料編纂所架蔵写真帳）
仙台市博物館蔵「御段銭古帳」（「伊達家文書」のうち、東京大学史料編纂所架蔵写真帳）
天龍寺妙智院蔵「渡唐方進貢物諸色注文」（東京大学史料編纂所架蔵謄写本）
「朝鮮王朝実録データベース」http://sillok.history.go.kr
赤松俊秀編『教王護国寺文書』（平楽寺書店）
イエズス会編・村上直次郎訳・柳谷武夫編輯『イエズス会士日本通信』（雄松堂書店）
奥野高廣『増訂　織田信長文書の研究』上・下（吉川弘文館、一九八八年、初版一九六九）
奥野高廣・岩沢愿彦校注『信長公記』（角川ソフィア文庫）
久保田昌希・大石泰史編『戦国遺文　今川氏編』（東京堂出版）
近藤瓶城編『続史籍集覧』第一冊（近藤出版部）↑「戊子入明記」
佐藤進一・池内義資編『中世法制史料集』第二巻（岩波書店）↑「室町幕府法・追加法」
佐藤進一・池内義資・百瀬今朝雄編『中世法制史料集』第三巻（岩波書店）↑「大内氏掟書」
佐藤進一・百瀬今朝雄編『中世法制史料集』第五巻（岩波書店）
佐脇栄智校注『戦国遺文後北条氏編別巻――小田原衆所領役帳』（東京堂出版）
柴辻俊六・黒田基樹ほか編『戦国遺文　武田氏編』（東京堂出版）
杉山博・下山治久編『戦国遺文　後北条氏編』（東京堂出版）

仲村研編『今堀日吉神社文書集成』（雄山閣出版）
名古屋市博物館編『豊臣秀吉文書集』一〜四（吉川弘文館）
萩原龍夫校注『北条史料集』（人物往来社）→「北条五代記」
塙保己一編『群書類従』二〇（続群書類従完成会）→「細川両家記」
檜谷昭彦・江本裕校注『新日本古典文学大系60　太閤記』（岩波書店）
モルガ（神吉敬三訳・箭内健次訳注）『フィリピン諸島誌』（岩波書店）
山口県文書館編『萩藩閥閲録』（山口県文書館）
和田秀作編『戦国遺文　大内氏編』（東京堂出版）

あとがき

読者には書物を手に取って真っ先にあとがきから読み始める人もいるが、多くの読者は本書の最後にこのあとがきを目にすることだろう。そこで最後にお願いがある。参考文献リストにじっくりと目を通していただきたい。本書で書かれた内容のほとんどは、これらの先行研究の成果に筆者が学んだことで成り立っているからである。

参考文献について一つ思い出話をしたい。数年前、専門分野の異なる同僚と夕食を摂っていた時、筆者が日本史を教えていることを知った店員に、歴史に興味はあるがどんな本を読めばよいかわからないと言われたことがあった。その時こう答えた。「どんな本でもいいから、書店で目に付いた本を手に取ってください。ただし、参考文献リストが必ずあるものを選んでください。参考文献が書いてあれば、より深く知りたいことがあった時に、さらに次の本を選べます」。同僚にいたく感心されたことを憶えている。

筆者の説明が不十分でより詳しく知りたいと思った箇所もあったことだろう。もしくは、筆者の説明に納得がいかない箇所もあるだろう。その時、参考文献リストから、その解決につながりそうな文献を次に読んでみてほしい。なお、紙幅の都合および読みやすさを考慮して、参照した文献をひとつひとつ本文で注記することは控えた。先行研究を尊重するという学問の基本からすれば問題であることは承知しているが、事情をお察しいただければ幸いである。また、本書のようなテーマであれば必ず参照されるべき先行研究であっても、リストにあがっていないものがある。これもまた本書の叙述の都合であって、ひとえに筆者の力量不足によるものである。ご寛恕たまわりたい。

本書の完成には二年以上を要したが、その間、在外研究の機会が与えられ、執筆に専念できる時間を得たのは幸運であった。職場関係者に深甚の感謝を表したい。また、本書は筆者初めての一般書だったため、叙述には大いに苦悩した。しかし、編集担当の山﨑比呂志氏によるバックアップを得て、なんとか完成に至った。本書が読みやすいと感じていただけたなら、ひとえに山﨑氏の功績によるものである。感謝申し上げる。

混迷を深める現代の世界情勢にあるなか、一見かけ離れた戦国時代に思いを馳せることで、時代を超えて共有する社会経済の諸問題が見えることを願って、今後も研究に取り組みたい。

二〇二〇年三月　英国ケンブリッジにて

川戸貴史

講談社現代新書　2575

戦国大名《せんごくだいみょう》の経済学《けいざいがく》

二〇二〇年六月二〇日第一刷発行　二〇二〇年七月七日第二刷発行

著者　川戸《かわと》貴史《たかし》

発行者　渡瀬昌彦
発行所　株式会社講談社
東京都文京区音羽二丁目一二―二一　郵便番号一一二―八〇〇一
電話　〇三―五三九五―三五二一　編集（現代新書）
〇三―五三九五―四四一五　販売
〇三―五三九五―三六一五　業務
装幀者　中島英樹
印刷所　株式会社新藤慶昌堂
製本所　株式会社国宝社
定価はカバーに表示してあります　Printed in Japan

N.D.C. 210　286p　18cm
ISBN978-4-06-520015-5

「講談社現代新書」の刊行にあたって

教養は万人が身をもって養い創造すべきものであって、一部の専門家の占有物として、ただ一方的に人々の手もとに配布され伝達されうるものではありません。

しかし、不幸にしてわが国の現状では、教養の重要な養いとなるべき書物は、ほとんど講壇からの天下りや単なる解説に終始し、知識技術を真剣に希求する青少年・学生・一般民衆の根本的な疑問や興味は、けっして十分に答えられ、解きほぐされ、手引きされることがありません。万人の内奥から発した真正の教養への芽ばえが、こうして放置され、むなしく滅びさる運命にゆだねられているのです。

このことは、中・高校だけで教育をおわる人々の成長をはばんでいるだけでなく、大学に進んだり、インテリと目されたりする人々の精神力の健康さえもむしばみ、わが国の文化の実質をまことに脆弱なものにしています。単なる博識以上の根強い思索力・判断力、および確かな技術にささえられた教養を必要とする日本の将来にとって、これは真剣に憂慮されなければならない事態であるといわなければなりません。

わたしたちの「講談社現代新書」は、この事態の克服を意図して計画されたものです。これによってわたしたちは、講壇からの天下りでもなく、単なる解説書でもない、もっぱら万人の魂に生ずる初発的かつ根本的な問題をとらえ、掘り起こし、手引きし、しかも最新の知識への展望を万人に確立させる書物を、新しく世の中に送り出したいと念願しています。

わたしたちは、創業以来民衆を対象とする啓蒙の仕事に専心してきた講談社にとって、これこそもっともふさわしい課題であり、伝統ある出版社としての義務でもあると考えているのです。

一九六四年四月　野間省一